FOTÓGRAFOS COLABORADORES

✱ José Ángel Galavis @_galavis

✱ Diego Homez @diegohomez

✱ Juan Penn @juanexphotographer

✱ Henry Cuicas @henrycuicas

✱ Juan Pablo Morales @jpmguilmai

✱ Pura Cepa Estudio @puracepaestudio

✱ Paula Díaz @pauladiazaudiovisual

✱ Daniel Marín @broarz

✱ Luis Gerardo Aguilera @luigi.media

✱ Nina Rodrigues @imninarts

✱ Joselyn Sira @joselynsiraphotography

✱ Diego Elías Indriago @diegoindriagophoto

TU ~~PODCAST~~

*LIBRO

ALCOHÓLICO

DE CONFIA

NZA

Para que nunca olvidemos:

De dónde venimos y a dónde vamos.

AGRADECIMIENTOS

JeanMa:

Gracias Ilan. Por ser el protagonista de mi stand up y el hombre maravilloso que eres. Gracias por tu apoyo permanente y tu risa estridente. Por haberme acompañado desde mucho antes que pudiera reírme de esto. Por una vida espléndida a tu lado y por darme el permiso de usar esta rutina sobre el escenario y en este libro.

Gracias Alex por ser mi otra mitad profesional. La parte que produce el contenido, lo edita, pega los cables, monta un estudio, arma proyectos, tiene ideas brillantes, no se rinde y ejecuta. Gracias por ser, incluso, la parte que me decía "nena escucha esos aplausos... son para ti", cuando yo no podía escuchar sino el ruido de mi autocrítica implacable. Ni en mil años me volvería a conseguir un amigo como tú.

Gracias Karen, porque me has prestado a Alex sin el menor recelo. Porque cuando todo se puso oscuro entre él y yo, fuiste tú quien insistió en hablar y resolver *#SpoilerAlert*. Porque siempre has sido el tercer integrante de este equipo y porque eres una amiga fantástica.

Gracias a Andrea, nuestra editora. La mujer que nos ha ayudado —y empujado, a ratos— a vaciarnos por escrito; que ha tenido la paciencia de cien mil Budas, pero también el carácter de una chihuahua *(#Mika)* para hacernos cumplir los tiempos.

Gracias Pichu mío de mi vida, por ser mi partnercito enano, mi cable a tierra, mi catalizador. Por ayudarme a vivir esta vida entre humanos con la ropa llena de pelitos; la única manera en que se me hace posible.

Gracias a todas las personas que han sido parte de este viaje, las que nos han ayudado, las que han celebrado nuestros logros como propios, las que han confiado en nosotros, acompañándonos y haciendo equipo. Gracias también a las que han sido obstáculo, a las que nos han descolocado, porque nos han hecho reajustar la brújula y redoblar el paso. Solo se puede entender la luz cuando se ha visto la oscuridad. Agradezco a quienes me han mostrado ambas y todos los colores del arcoíris en el medio.

Alex:

• A mi esposa hermosa, Karen Ferreira

• Mis papás, Vasco y María José

• Mi familia querida

• Andrea Vivas, por la paciencia y el empuje

• Nuestro increíble equipo, encabezado por Marjori Haddad y el team de *@weplash*

• Nuestro querido Sergio Schmilinsky

• El gran Nick, AKA, el Goldblum

• A cada uno de nuestros productores, patrocinantes y colaboradores

• A ti Jean Mary, por creer en todas las ideas que se me ocurren

• ¡Y a nuestra audiencia hermosa y guapa. Unas gentes-gentes queridas que hicieron todo esto posible!

Les picamos un quesillo...

- Kuzco Show
- María Virginia Calderón
- Las dos Lyas Campos
- Rose Stifano
- César Herrera
- George Zuvic
- Marlon Mayam
- Sergio Schmilinsky
- Nikolas, "El Gold Blum"
- José Luis Ballesteros
- Romina Fernández
- Hebert Leal
- Snow Entertainment
- Alain Gómez de Famasloop
- Miguel Ferro
- Alejandro Trémola
- Luisana Altamiranda
- Jeff y Nina de Noxo Studios
- Marjori Haddad
- Weplash Agency
- Mago Visual
- Daniel Fernández
- Joanna Castillo
- Manuel Germán
- Magira Mata
- Miguelángel García
- Orangel y Jormar
- Kings Painters
- Become Creative Studio
- Paseo Wynwood
- Revista OK!
- Elba Escobar
- Leonardo Molina
- Paquidermo Libros

Gracias a ustedes, que compraron este libro; que fueron a alguno de nuestros shows; que nos ven por Youtube o nos escuchan en alguna de las plataformas de audio; que han estado desde el comienzo o que acaban de llegar.

Muchísimas gracias ***Patreoncitos jamados,*** por brindarnos ese cafecito con galletas mensual y ser nuestros productores ejecutivos. No estaríamos aquí sin ustedes, lo sabemos y los honramos. Nunca los damos por sentado. Ustedes, literalmente, han sido y siguen siendo nuestra familia virtual, nuestra red de apoyo, nuestros socios. Gracias.

Muy especialmente, gracias a Diplomático y Gin'G Boutique, por ser nuestros *sponsors* desde hace tanto tiempo. Porque también, en esta oportunidad, nos han apoyado en el nacimiento de: ***El Libro del podcast del stand up.***

ÍNDICE

PRÓLOGO DE LUJO

Yo siempre me río de esto, ¡de esto y con ellos! Pero, primero que nada, les voy a contar una historia para que entiendan por qué yo soy la persona que hace este prólogo.

En **#NRDE** encontré un lugar común, una casa, unos amigos que, más allá de la distancia física, siempre saben contenerme y hacerme reír. Antes de conocernos en persona, yo conecté con la energía de Jean Mary (intensa) tras un video que se viralizó, donde, palabras más, palabras menos, le explicaba a un extranjero —que pensaba que el chavismo era bueno—, que pertenecía a un grupo de individuos "paridos por el ano". Y yo pensé: "¡Aplausos de pie!" por ese comentario; desde ahí la amé fuertemente — sin saber quién era en realidad, ni que hacía un *podcast* con un tal Alex— (perdón, tío Alen, por no saber quién eras).

Tiempo después, mi amigo Hebert, de la productora *Snow Entertainment,* me invitó a un evento de unos chamos que hacían un *"podcast"* y que venían a Buenos Aires, y pensé: "¿Que hacen un qué? ¿Un pod... quééé?". Yo ni siquiera sabía qué era eso de *podcast,* y además, mi amor, yo vivo casi a una hora del lugar donde se haría, y por supuesto dije que ni loca iría a ver a una gente que yo ni sabía quiénes eran.

Quiero aclarar que cuando me fui de Venezuela en el año 92, mis amados JeanMa y Alex eran muy chiquitos, e ignoraba que yo los había visto en unas fotos, en el libro *Fuera del aire* de Luis Chataing que tengo en mi casa. Es decir: ¡Los conocía y no sabía! ¡Qué locura!

Lo cierto es que gracias a este amigo que me habló tanto del *podcast*, comencé a escucharlo y a seguirlos: me levantaba y los ponía, después entrenaba y los ponía, volvía del trabajo a casa y los ponía... empezaron a convertirse en un vicio, yo no podía dejar de escucharlos ¡Un vicio literal! Ja ja ja. Y después, caí en cuenta de que la misma chica del video "paridos por el ano" era Jean Mary.

Entonces, en un viaje que hice a Miami, la tía me contacta y me invita a grabar un episodio. Lo primero que pensé fue: *"Oh my God!* ¿Qué voy a hacer yo en ese *podcast?* ¿De qué voy a hablar? ¡Eso es cosa de gente nacida en los 80, no en los 60 como yo! Ja ja ja. ¡Susto!". Pero JeanMa insistió tanto, que hasta me fue a buscar a un centro comercial en donde yo estaba, para llevarme a su casa a hacer el *podcast.* Así que fui.

Cuando nos vimos, la amé para siempre (claro, yo ya era fan de ella). Y fue cuando conocí al famoso Pichu y también a Alex —a quien amé también, al punto que pensé en dejar a Ova, ja ja ja ja—. Pero para no hacerles la historia más larga, cuando nos vimos fue como si los conociera de toda la vida (confianzudos como somos).

Y lo más lindo es que comprobé que esa misma energía que transmiten en el programa es real; afortunadamente hemos podido vivirla en persona, compartiendo momentos tanto en mi casa en Argentina —donde le hice un rico asado argentino al tío Alen, y a la tía JeanMa una comida vegana bien variada—. Total que vinieron al país y los mandé ebrios de regreso a Estados Unidos... ja ja ja. Después de esa rumba en casa no pudimos evitar rememorar nuestra Venezuela y detenernos siempre en la palabra "libertad", suspirar y pensar: "¡Nos reiremos de eso, también!".
Y seguir: ¡Pa' lante, gozando!

Ser la madrina los tíos es un honor para mí. Porque ellos me acercan a mis raíces, tienen el espíritu que siempre siento que tenemos nosotros, los venezolanos —ya saben, que aunque la estemos pasando mal, tenemos la mejor energía—. Somos el mejor ejemplo de eso que dicen: "¡Al mal tiempo, buena cara!".

Nos Reiremos de Esto se ha convertido en parte esencial de mi rutina. He conectado, de una manera muy genuina, con la forma de ser de estos dos locos bellos (que son como tú y como yo). Venezolanos que, aun lejos de casa, tratamos de conservar nuestra esencia y buscamos esa forma de expresarnos —e incluso de desahogarnos— a través del arte, la radio o los canales digitales de comunicación como es el caso de JeanMa y Alex con este espacio.

Lo cierto es que escucharlos es recordar esas conversaciones de viernes por la noche con los panas, o con tus tíos en casa; es tomarse ese trago de ron que no podemos beber frente a frente por la diáspora venezolana; es hallar la excusa perfecta para reír sin parar. Y ahora, con este libro, nos enteraremos de esas cosas que están detrás del programa y que muchos fanáticos, como yo, queremos saber: ¿Cómo nació? ¿Cuáles son las rutinas de los tíos?, algunas anécdotas y muchos más detalles que nos van a sorprender. Así que bienvenidos a estas páginas, porque estoy segura de que...

¡NOS REIREMOS DE ESTO!

Atentamente,
La madrina de los tíos, Catherine Fulop.

INTRODUCCIÓN

Escribir la introducción para el libro de mi *podcast* favorito es un honor grandísimo, pero también un súper reto. Y no solo porque vengo después del prólogo de Catherine Fulop, sino porque siento que los represento a todos ustedes. Sí, a ustedes que me leen y que son tan fanáticos como yo de los tíos.

Encontrarnos en el espacio del *podcast* es una maravilla, porque emigrar no es fácil, quedarse en Venezuela tampoco lo es. Todos estamos regados y todos buscamos lo mismo: sentirnos más cerca.

En estos momentos vivo en Quito, Ecuador, y cuando veo **#NRDE** estoy en Venezuela, con mis amigos de siempre: el tiempo no ha pasado y no existe distancia.

Pero bueno, a lo que vinimos. La intención es darles un abreboca de lo que significa este *#FanBook* y es preciso destacar que cada quien le dará su uso respectivo: ya sea para pasar el rato, llorar, reír, llorar de la risa, mentar madre —ya verán por qué—, conectar aún más con estos dos personajes y... ¿por qué no? Usarlo como pisapapeles para que sus documentos queden bien planchaditos, listos para la cita de la visa.

Si quieren el chisme completo, aquí les va:

Yo realmente me hice fan de **#NRDE** desde que empezaron a grabar en el hogar de la tía. Allí me flecharon. Pero creo que es justo confesar algo: yo llegué al *podcast* por Jean Mary, la seguía desde su libro *Peludo Amor* —pues compartimos el amor desmedido por nuestros hijos perrunos—, *#piiiiiiiro* la cosa es que no era muy fan de Alex que se diga… je je… (risa incómoda). Así que mi sorpresa fue redescubrir a este par que, juntos, ¡son lo máximo! Aprendí a querer al tío, a Ilan y a Karen —a Pichu y a Conan ya los quería desde hace rato—.

Entonces, un día viendo el *podcast,* escucho la palabra "libro" y mis antenitas de editora se prendieron. Era un episodio de "preguntas y respuestas" y los mismos seguidores le preguntaban a JeanMa sobre un próximo libro, así que yo, ni tonta ni perezosa, le mandé un DM por Instagram. La cosa es que la tía no lee sus mensajes directos… tuve que correr al Instagram de Alex y les juro que no había terminado de presentarme, cuando el tío ya me estaba respondiendo: "Hola, mándame tu correo o teléfono".

En realidad, yo quería ofrecerme para apoyar a JeanMa con su actual libro, pero los tíos tuvieron una idea mejor: ***El libro del podcast del stand up.***

Les haré una línea de tiempo para que vean cómo se dio todo:

10 de septiembre de 2019: primer mensaje con Alex por Instagram.

14 de septiembre de 2019: Alex menciona a Paquidermo Libros en un episodio y yo casi muero —esos videos están en nuestras historias destacadas—.

02 de octubre de 2019: primera reunión oficial con los tíos por Zoom (en mi cabeza: *"be cool, no actúes como fan, ¡sé profesional, coño!).* La videollamada fue lo máximo porque sentí que hablaba con mis panas, y al terminar la reunión recibí este mensaje: "Alex Goncalves te añadió al grupo *#NRDEElLibro*". Su primer mensaje fue: "Bienvenidas, esto está pasando". ¿Pueden imaginar mi emoción? Era el comienzo de todo.

Paréntesis importante: parte del equipo que hizo realidad este libro es el grupo de **Become Creative Studio**, quienes, además de ser sumamente talentosos, también son fieles seguidores del *podcast*; así que sabía que amarían este proyecto tanto como yo. Apenas les dije, se emocionaron mucho. Acto seguido, diseñamos una presentación para mostrarles nuestras ideas a los tíos y ellos dijeron: "plomo".

De hecho, aquí les dejo la lámina que abría esa presentación: empezamos con buen pie.

En Paquidermo Libros también somos vevezos de NRDE y, cuando escuchamos la palabra "libro" en el Podcast, no dudamos en escribirle a Jean Mary y a Alex. Por suerte, Alex sí lee sus DMs y aquí estamos.☺

Yo pensé que podría viajar a Miami ese mismo año y reunirme con mis nuevos autores pero *#ilusa,* no me aprobaron la visa... me quedé vestida y alborotada. Igual, la distancia no fue problema y seguimos conectados, conversando sobre más ideas.

Siguiendo con la cronología, llegó el 2020 y con él pues... todo lo que ya sabemos. Pero antes de la cuarentena, el 06 de marzo, Alex y JeanMa vinieron a Quito para una función y pasaron por mi casa. Chicos... ¡tuve a los tíos en mi sala y hasta almorzamos juntos! Mi esposo le preparó a Alex una hamburguesa y yo le cociné un plato vegano a la tía —que por cierto halagó—. Ese día lo aproveché para entrevistarlos y hacerles preguntas que verán en la segunda parte del libro.

Para finales de año, retomamos la planificación y dijimos: "el 2021 es el año del libro". Desde entonces, no paramos de trabajar y creamos esta belleza que hoy tienen en sus manos. Esperamos que lo disfruten tanto como nosotros al hacerlo.

Alex y JeanMa: gracias por esta oportunidad y, sobre todo, por la confianza puesta en mí y en mi equipo.

Gracias, además, por invitarme a escribir su historia del *podcast* y relatarles a sus lectores —con total libertad y desde mi voz— cómo nació:

NOS REIREMOS DE ESTO.

Andrea Vivas Ross
Directora de Paquidermo Libros.

INSTRUCCIONES PARA LEER ESTE LIBRO

Primero, leer la rutina de la Tía JeanMa. Luego, la rutina del Tío Alen y, por último, las secciones del medio donde los tíos se unen y nace **#NRDE.** *(Si te saltas las instrucciones, allá tú... igual ya lo compraste).*

RUTIN RUTIN

DE LA TÍA
JEAN MARY

JEAN MARY
JEAN MARY
JEAN MARY
JEAN MARY
JEAN MARY

¡Hola vevechiches!

¡Qué agradable sorpresa verles por aquí!

Les hemos extrañado horriblemente durante este año que no pudimos girar por sus diferentes ciudades. Por suerte, gracias a nuestros "en vivos" semanales en Patreon y nuestros cuartitos de Discord, hemos logrado mantener la llama viva (*inserte meme de una llama en el hospital mientras una enfermera le toma una vía en la pata*).

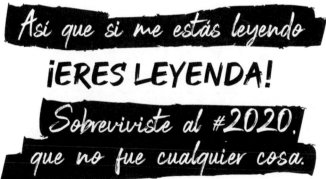

Así que si me estás leyendo **¡ERES LEYENDA!** Sobreviviste al #2020, que no fue cualquier cosa.

Pocas veces la humanidad se vio envuelta en una misma tragedia a nivel global. Muchas veces lo que vemos como una tragedia mundial, solo le está afectando a una parte del mundo, una parte bastante pequeña, proporcionalmente hablando. Como los ataques terroristas del 11 de septiembre del 2001, que cambiaron para siempre la forma cómo viajamos, porque nos obliga a quitarnos los zapatos para tomar un avión. Somos pocos y privilegiados los que usamos aviones como medio de transporte. Una parte enorme del mundo jamás tendrá que quitarse los zapatos en un aeropuerto. Peor aún, una parte gigantesca de nuestro mundo ni siquiera puede usar zapatos.

El mundo realmente está interconectado. Desde siempre, todo lo que hacemos afecta de alguna manera al resto. Por ejemplo: nuestra basura termina convirtiéndose en islas de plástico flotando en las esquinas del mundo, y no importa quién la produce, quién la desecha y quién la recicla, todos somos víctimas de todos.

Imaginemos que el planeta es una piscina grandota donde algunos cuantos se hacen pipí adentro. De nada sirve que existan esquinas libres de "pipiceadores" y tú estés allí, tomándote tu piña colada, pensando: "menos mal que de este lado nadie orina", porque cuando te sumerjas, inevitablemente **NADARÁS EN PIS AJENO.**

Hay una teoría llamada el *Efecto Mariposa* que argumenta que: "el aleteo de una mariposa podría provocar un huracán al otro lado del mundo"; lo que aún estábamos por descubrir era el *Efecto Murciélago,* que nos enseñó que la sopa del animal que mantienes en las peores condiciones posibles sabrá muy rica, **pero te va a morder las nalgas.** Una elección alimentaria que, literalmente, cambió para siempre el curso de la historia moderna: se llevó y se sigue llevando vidas alrededor del mundo, ha destruido economías, familias y, entre otras cosas, hizo que las maestras del kínder en donde dejan a mi sobrino, Sebastián, hayan notado, preocupadas, que los niños dibujan figuras humanas sin boca (porque total, nunca las ven). *#Foso*

> ## Ya que los tengo al borde del llanto, es un muy buen momento para presentarles mi rutina.

Imaginen que están en un teatro precioso, se vistieron guapes para la ocasión, están junto a personas que aman, tomándose un trago de Ron Diplomático y anticipando una noche de risas. Experimenten esa sensación cálida y maravillosa en la pancita —esa que sentimos cuando estamos en cualquier lugar del mundo, rodeados con los de nuestra especie: el *Venecosapiens Migrantus*—. La sala está repleta y nadie debe guardar distanciamiento social porque hemos dejado atrás lo peor... o porque vivimos en Florida y aquí eso nunca se implementó.

¡Bienvenides pues, a: ***El libro del podcast del stand up!***

Yo soy **Jean Mary.** En palabras de mi compañero de escenario: me recordarán por programas como Chataing TV y... ¡Chataing TV!

(Aplausos, gritos, pantaletas y sostenes llueven sobre el escenario).

31

No sé desde cuáles países me estén leyendo, pero siempre abro mi rutina con chistes locales. Me gusta conectar con el público de cada ciudad y descubrir cosas que a ustedes seguramente les llamaron la atención al llegar, pero que, al cabo de un tiempo, asimilaron y ya convirtieron en parte de su cotidianidad. Damos muchas cosas por sentado, y mi trabajo es señalar lo que los demás dejaron de ver para, desde allí, encontrarle lo divertido a la cosa.

Por ejemplo, en *Argentina* siempre hablo de lo complicado que es lograr entibiar el agua en la ducha. Es como si el agua caliente y la fría no pudieran ponerse de acuerdo, dejar sus diferencias de lado y unirse para permitir que uno se bañe sin morir de hipotermia o por quemaduras de tercer grado en la espalda.

La sopa es un alimento de temporada y es literalmente imposible conseguirla en verano. Ahora los fanáticos de Mafalda podemos entender por qué no se quejaba todo el año de su alimento menos preferido.

Las llaves de las puertas parecen de la época medieval, por cuyas cerraduras puedes observar a la gente, en el baño, limpiando sus miserias. Por cierto que nadie puede cerrar la puerta de los baños, porque en lugar de cerrojos necesitan la llave clásica, que probablemente se perdió cuando hicieron el edificio, durante la época de *Game of Thrones*.

El perro de Buenos Aires es independiente y no necesita ir amarrado. Es la única ciudad que he visitado donde, colectivamente, el perro entendió que no se cruza la calle solo, que se espera al humano afuera de los sitios sin deambular demasiado lejos. Posiblemente, esto explique por qué los zapatos de las mujeres tienen enormes plataformas, que evitan que la cantidad de excremento en las aceras llegue hasta sus tobillos. El perro argentino es inteligentísimo, pero es lógico que no pueda recoger su propia caca, no por falta de astucia, sino de manos.

Siempre me imagino cómo sería Pichu allá. Él, que es escapista por naturaleza, quizá se sentiría avergonzado por no comportarse como los demás.

33

En **Estocolmo**, la gente no levanta la voz en los lugares públicos. Puedes ir caminando por una calle repleta de gente o en el Metro y escuchar el silencio. Los perros tienen que ir a la escuela obligatoriamente y por varios meses al año no se hace de noche. Hay tan poquita gente en Estocolmo, que Tinder es un grupito de WhatsApp. Los apartamentos son pequeñitos y allá, donde inventaron IKEA, no hay peligro de que los muebles caigan sobre los niños, porque lo máximo que puede pasar es que queden inclinados sobre la pared de enfrente.

En **Chile** hay que tener mucho cuidado con no tocar corneta, porque la corneta es el pene y uno no quiere tocar un pene en el tráfico —no siempre, al menos—. El pico también es el pene. **Así que sepan que tocar corneta en hora pico es una película porno.**

Típico que cuando un venezolano viaja a Chile lo primero que intenta es imitar el acento chileno, pero yo no, porque aprendí mi lección hace muchos años atrás, en mi primer viaje a Argentina. ¿Qué tiene que ver el tubérculo con el pelo de ojo? Pues bueno, por aquella época los venezolanos aún no nos habíamos regado por el mundo y los hispanohablantes de otros países no habían tenido el privilegio de escucharnos hablar, con nuestro "acento sin acento"... y es que para entonces, los venezolanos jurábamos que no teníamos ningún acento (¡Ternura!). En todos lados me decían: "tú eres cubana" o "tú eres chilena", y yo, absolutamente harta, en una tienda donde la señora me dice: "tú eres chilena", le contesto:

— Señora... mi acento es venezolano, porque los chilenos hablan así (imagínense que pego las comisuras de los labios como para dar un besito y pongo la voz lo más aguda que puedo): nuchiñora, luchilenuhablahcortaito como que no quierenterminah la palabrah ¿cachai?'... hablan como consentidos.

La señora me escucha pacientemente y me responde:

— Yo soy chilena.
— Ah caramba, bueno, por favor, me da dos de esos... *(pensando que me trague la Tierra).*

Me prometí nunca más imitar acentos.

Los perros callejeros de Santiago están protegidos y la mayoría de las personas los quieren; si no los quieren, no pueden decirlo en voz alta o hacerles ningún fo, porque recibirán el escarnio público. Allá les tienen casitas en los parques, cuencos de agua y comida por todos lados, y hasta les ponen suetercitos cuando hace frío. Eso no es chistoso, pero quería decir que amo que sea así y dejarlo plasmado en este libro.

En **Madrid** vas a una farmacia y solo consigues medicinas… eso es muy raro. ¡No venden otra cosa que no sea medicinas! ¿Pueden creer? Entré a varias y me sentía como el GIF de John Travolta que mira de un lado a otro, desconcertado. Si quieres comprar chicle en Madrid, no vayas a una farmacia, dirígete a un kiosco de periódicos en la calle. Mentira, los kioscos de periódicos solo venden periódicos. La verdad es que son muy literales con el propósito de los locales. Al final, nunca supe dónde comprar el malvado chicle. Caminé mucho, pero nunca vi una "chiclería". Otra novedad es la del café: te lo pueden servir frío, caliente o con un cubo de hielo. Para el refresco, el hielo no aplica… pero con el café es bastante popular.

En **Dubai,** todos los baños tienen duchita en la pared para lavarse las vergüenzas; el "teléfono", le decimos algunos. Hasta un baño en el desierto —un hueco en el suelo como letrina— cuenta con su duchita de rabo. Nunca le des la mano a una persona en Dubai, porque no sabes si acaba de hacer una llamada de larga distancia. De hecho, el papel tualé viene con instrucciones: porque **no** es para limpiarse, es para secarte después de lavarte con la ducha. ¡Lo juro, viene con instrucciones!

Después de calentar con temas locales, arranco con mi rutina.

Yo hablo mucho de mi proceso migratorio y de Ilan, que me permite descoserlo en el escenario y develar sus particularidades. Él es un gran hombre, pero sospecho que está muerto porque no lloró ni una vez viendo Coco. En casa le tengo un pequeño altar con flores anaranjadas, algunas velas y su foto. No sé, pero… ¡La pinga!

No solo eso, sino que creo que es un psicópata, porque no puede llorar, pero sabe cuándo se llora, y en mitad de la película se voltea con la cara semi sonreída, para verme a mí llorar. ¡Sape!

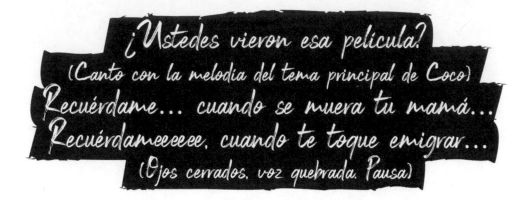

¿Ustedes vieron esa película?
(Canto con la melodía del tema principal de Coco)
Recuérdame... cuando se muera tu mamá...
Recuérdameeeeee, cuando te toque emigrar...
(Ojos cerrados, voz quebrada. Pausa)

— Pero JeanMa, nosotros queremos reírnos...
— Se la maman, pinches cabrones...

Disney desbloqueó otro nivel de llorar en sus películas. Porque uno te lloró con *Dumbo,* que era un elefantito con su mamá presa en Ramo Verde (en serio, qué asco los circos con animales). O te lloramos con *Bambi,* donde unos colectivos le matan a la mamá. Pero *Coco* logró que lloráramos "de bonito". Resulta que la tradición del Día de los Muertos es tan hermosa, que ahora todo el mundo quiere ser mexicano. Tan es así, que en Miami se puede ver gente ensayando el acento mexicano, también conocido como "acento neutro": "órale güey, comamos emparedados en mi recámara cerca de la alberca... llanta, césped, equipaje, elevador, doña Florinda". El único problema que yo le veo a hablar mexicano en la calle, estando en EEUU, es que te llegue de sorpresa un grupo de "trumpamaros"** y te mate.

**TRUMP + TUPAMAROS = "TRUMPAMAROS"

Si no lo captaron a la primera, no hay problema porque yo voy lento en el libro y para todo público. La palabra clave es "inclusión".

Pero hablemos de cosas más alegres: hablemos de emigrar.

Ilan y yo llegamos primero a Puerto Rico, una isla hermosa con playas paradisíacas, con gente amable, que se parece muchísimo a nosotros: dados a la risa y cordial con el extranjero. La mejor parte es que hablan español, porque ya emigrar es lo suficientemente complicado como para tener que aprender un nuevo idioma. Solo encontré un defecto en el puertorriqueño: no dice groserías... no en público, al menos. No escuché ninguna en los nueve meses que viví allí. (Y ustedes pensarán: "JeanMa está jodiendo", pero no, no les estoy jodiendo).

MIAMI

#NRDEAniversario

39

Debo reconocer que los venezolanos somos, quizá, DEMASIADO groseros. Encabezamos todas las oraciones con "verga, marica", y ni siquiera nos damos cuenta de que estamos diciendo dos groserías. No había percibido lo groseros que somos hasta que mi hermano y mi cuñada fueron a visitarme, y noté que todo era: "verga, marica, qué bonito este vestido", "verga, marica, no puedo creer lo que cuesta esta Nutella", "verga, marica, ya tengo hambre"... y vi la reacción que suscitaba en los puertorriqueños, que pelaban los ojos, levantaban las cejas y ¡hasta le tapaban los oídos a los niños! A lo que yo, súper avergonzada, me disculpaba con ellos diciéndoles, suavemente: "verga, marica, no es para tanto".

En ese mismo orden de ideas, hay una palabra que los venezolanos decimos siempre, para todo, y que para nosotros significa cualquier cosa que uno quiera: "bicho". Para el boricua es una parte del cuerpo: **el boebo.**

(Aquí juego con mi enorme pene imaginario, le doy un beso, lo abrazo... porque si voy a tener un pene imaginario, me lo imagino como yo quiera).

Yo lo vine a descubrir de la peor manera, cuando a la semana de llegar, fuimos a devolver el carro que habíamos alquilado, y yo le digo al señor del *rent-a-car* que el modelo que nos había dado no me gustaba porque cuando me sentaba, el "bicho", refiriéndome al volante, o al tablero, o a la mezcla de ambos —eso es lo bonito de la palabra, que lo abarca todo—, me llegaba hasta aquí *(y le hago un gesto con la mano hasta arriba, al nivel de los ojos)*.

Ese señor se rió, luego se disculpó, se mordió la mano, escapó un suspiro y se secó el sudor de la frente. Debe haberse imaginado que yo era parte del elenco de la famosa porno: **"tócame la corneta en la hora pico... bicho".**

En el show, siempre bromeo diciendo que eso fue suficiente para irnos de la isla.

Así que emigramos a "tierra firme" y ahora vivimos en Miami. Vivir aquí me gusta mucho, excepto por una cosa: **no me acostumbro al tema del norte y del sur.** Aquí todo el mundo sabe de brújulas. Cuando digo que vivo en Aventura me responden: "ah, eso es más arriba", y yo pregunto: "¡¿Más arriba o más abajo de qué cosa, si aquí todo es chato?!".

Otra cosa que ocurre cuando uno se muda a Estados Unidos, es que ya uno ha visto todas las series y todas las películas que vienen... ¿de dónde? ¡De Estados Unidos! Entonces llegas a este país todo paranóico. Te sientes observado como dentro de un episodio de *CSI: En Tu Mente.*

Por ejemplo, en Navidad, los vecinos de al lado dejaron la puerta abierta: o sea, abierta que podías ver hacia adentro. Al principio, pensamos que estaban en el apartamento, y que su perrito estaba histérico, ladrándole al pedazo de pasillo que él podía ver. Pasamos varias veces y seguía así, entonces decidimos cerrarles la puerta, pero no por jala bolas sino para que no se fuese a escapar el perrito.

YO: Mira, vamos a cerrarles la puerta a los vecinos.
ILAN: Dale, ciérrasela tú.
YO: Ciérrasela tú.
ILAN: No, mejor tú.
YO (GRITANDO): ¡SE LA CIERRAS TÚ!

Ilan sale al pasillo, yo detrás de él. Se para frente a la puerta de los vecinos, se baja la manga de la franela hasta la mano, hace un puño de franela y con la manga, sujeta la manilla de la puerta y la cierra. Después, con la misma manga que cubre toda su mano, limpia todo el borde del marco y la puerta.

Claro, porque no vaya a ser que en vez de que los vecinos olvidaran cerrar la puerta mientras salían apurados con el dulce de lechosa y las hallacas, alguien entró, los descuartizó, los violó, los asesinó —en ese orden—, los metió en la bañera... y esa gente esté allí flotando en... ¿qué se yo? ¡Acetona! Entonces, llegue el CSI con su maletica que llevan para arriba y para abajo, saquen la brochita esa con polvo, la pasen por todos lados y tomen las huellas dactilares, luego saquen la lámpara de luz azul con la que pueden mirar rastros ocultos de... ¡semen! Después analicen esos resultados ¿y quiénes fueron? ¿Los pendejos venezolanos de al lado?... ¡Nooooo, señor! A mí no me jodió el chavismo para que me vengan a joder así. **YO ESTOY ¡#ACTIVAAA!**

Disney también te jode la mente. Vivir en Florida e ir a Disney te jode dos veces más la mente: uno agarra un carro, roba un banco y va a Disney cualquier fin de semana. Pero cuando uno era chiquito, en Venezuela, **ir a Disney era un plan de vida.** Yo todo el tiempo le preguntaba a mi mamá: "mamá ¿cuándo me vas a llevar a Disney?". Y mi mamá me respondía: "cuando tus hermanos crezcan, para que ellos también disfruten la experiencia". Total que visité Disney a los 21 años. Me pasé dos semanas sin hacer pupú. Claro, porque a esa edad tú llegas por primera vez al primer mundo y no puedes entender ese orden, esa limpieza, no hay ni un chicle en el piso, no se fuma, nadie se te colea en la fila, todo funciona… yo estaba convencida de que la única razón por la que todo eso estaba así, era porque había espías en los ductos del aire acondicionado. Y yo puedo hacer pipí delante de unos desconocidos, pero pujar delante de esa gente ya me daba pena.

Como dato curioso, les digo: la cuarta parte de la gente que uno ve en los parques de Orlando, vestidos de turistas con las bermudas, medias blancas y mocasines, son policías encubiertos. Por eso es que venden alcohol, pero jamás has visto una pelea o a nadie dando pena, porque ahí mismo aparece un "turista" de estos y te desaparece, como el GIF de Homero Simpson en la pared de grama que se lo traga.

Las camionetas vans metalizadas de este país te joden la mente. ¿Saben? Las que no tienen ventanas atrás, sino que son cerradas. Yo no puedo pasarle por al lado a una camioneta de esas, ni estacionarme al lado. Nunca. Porque ¿qué nos enseñaron las películas que pasa allí? Solo pueden pasar dos cosas: o hay agentes del FBI escuchando llamadas intervenidas de Jason Bourne… o el dueño es un tipo que me va a secuestrar, me va a descuartizar, me va a violar, me va a matar —en ese orden— ¡y me va a meter en la bañera del baño de mis vecinos! Y a mí no me jodió el chavismo para que me vengan a joder así. **Yo estoy ¡#Activaaaaaa!**

Otra cosa que te jode la mente: **los baños públicos.** En Estados Unidos las pocetas jamás están orinadas. Nunca. ¿Tú sabes cuántos años de mi vida invertí yo en aprender a orinar acuclillada? Desde que somos pequeñas nos enseñan a orinar paradas. Una madre venezolana le enseña dos cosas fundamentales a su niña: "no hables con extraños y nunca te sientes en la poceta". Tú aprendes eso y tu mamá te dice: "eres libre, hija. Vuela alto, paloma mía".

Esto es algo que se ha transmitido de generación en generación. Las mamás de nuestras mamás les enseñaron eso. Yo entraba a un baño público en Venezuela, y aquello era pipí en la tapa de la poceta, pipí en el suelo, pipí en las paredes, pipí en el techo... pipí en unos lugares donde es anatómicamente imposible hacer pipí. Ir al baño era toda una experiencia.

Primero: pones una mano en la puerta —porque nunca sirve el cerrojo—. Entonces, con una mano sostienes la puerta y con la otra intentas desabrocharte el pantalón y bajártelo, mientras que haces un ligero movimiento con las piernas para que el pantalón no se baje completamente y caiga en el piso mojado de meado, haciendo un equilibrio perfecto y digno del *Cirque du Soleil.* Lo peor es que todas sabemos que las puertas no tienen cerrojo, pero a pesar de eso, siempre hay una desgraciada que te empuja la puerta: **"¡Coño! ¡Está ocupado!".**

La cartera... ¿qué haces con la cartera? Porque el cosito para guindarla nunca existió; de hecho yo fui muchas veces a Ferretotal y no lo vendían. Bueno, tienes dos opciones: si es grande, te la cuelgas del cuello, quedas toda doblada como una jirafa tomando agua, abatida por el peso de la cartera —que siempre lleva más de lo que necesitamos—. Recuerda que la mano sigue sosteniendo la puerta y la otra agarra los pantalones... si la cartera es pequeña, te la metes en la boca y ¡la muerdes! Todo esto para terminar de hacer pipí y descubrir que... **¡no hay papel!**

47

Aunque en realidad nunca hubo papel en los baños públicos y, por puro masoquismo, las mujeres no llevamos papel en la cartera, sino que comenzamos a revisar con qué secarnos; y adentro consigues bolígrafos, perfume, champú seco, una bolsita de almendras acarameladas que entregaron como recuerdito en tu propio bautizo... y nada que aparece el papel tualé.

> *Miren, en la desesperación, yo llegué a secarme con el papelito que te dan en los cajeros automáticos.*

Yo he analizado mucho este fenómeno de la poceta orinada. ¿Qué pasó?... pasó que las mamás de nuestras mamás —y nuestras mamás— podían hacer agachadas, sin sentarse, porque ellas tenían un peinado allá abajo. De hecho, mi mamá tenía una pequeña cresta, como "Rayita", el malo de los *Gremlins.* Cuando tú haces pipí acuclillada y tienes pelos, el pipí se adhiere a ellos y sigue cayendo en un chorrito perfecto que no se interrumpe. ¿Qué no vieron venir nuestras madres, ni las madres de nuestras madres? Que a partir de los años 90, se pondría de moda la depilación brasileña que te deja toda peladita allá abajo.

¿QUÉ PASA CUANDO TÚ HACES PIPÍ AGACHADA Y ESTÁS CALVA?

¡El pipi sale en spray! ¡PFFFFFFFFF!
¡Como gaseosa batida en todas direcciones!
No solo mojas la poceta...
te mojas las piernas, los muslos por dentro,
la parte de atrás de las rodillas,
los pantalones, el piso...
y si te estabas aguantando mucho,
¡sale por detrás de las nalgas! ¡PFFFFFF!
¡Hacia la espalda!
Lo cual explica lo de las paredes llenas de pipí,
obviamente.

En cambio, tú entras a un baño público aquí en EEUU y ¡está seco! ¡SECO! Pero ¿por qué? Porque las mamás del resto del mundo les dijeron a sus niñas: "siéntate". ¡Ja! Claro, es que ES UN ASIENTO, y si nadie hace pipí de pie, siempre estará seco. ¡Las enfermedades no se pegan por la parte de atrás de los muslos! ¡Se pegan por la totona, y no tienes que pegar la totona al borde de la poceta. ¡Está bien sentarse! ¡Piénsenlo! A mí me encanta sentarme en las pocetas de los baños públicos. Es mi nuevo *hobby*. Uy, ¡dígame cuando están tibias! ¡Eso significa que acaba de salir una hermana! ¡Sororidad!

(Canto al ritmo de la melodía de Aladdin)
"Un baño ideal...
un baño en el que tú y yo...
podamos apoyar...
nuestras nalgas...
qué rico es orinar un baño ideal...
(Aquí me aplauden enfurecidamente,
tú también puedes hacerlo mientras lees.
Recuerda que debes imaginarme
cantando demasiado bien... #CeroModestia).

Otra cosa que te jode la mente al emigrar a Estados Unidos son los comerciales en televisión abierta. Aquí solo hay tres tipos de comerciales: medicamentos, abogados y carros. Eso es todo. Los de medicamentos te dejan muy loca: en ningún lugar del mundo verás comerciales que tarden más tiempo explicándote los posibles efectos secundarios de una medicina, que sus beneficios.

Son algo como así: (imaginen una voz de locutora súper cálida, muy dulce)...

> "¿Sufre usted de resequedad en sus codos? Hasta un 20% de las personas que han probado CODELO han visto cierta mejoría en la resequedad de sus codos".

Y las imágenes son hermosas: gente riéndose en cámara lenta, unos viejitos caminando agarrados de la mano... un Golden Retriever lanzándose a un lago... ¡Splash!

(Sigue la misma voz calmada y suave...)

> "CODELO puede provocar cáncer de páncreas, deficiencia hepática, ataque fulminante al corazón, epilepsia, convulsiones, parálisis facial, derrame cerebral, hongo vaginal... aun si no tienes vagina. CODELO puede provocar pensamientos o actos suicidas —porque aquí todas las medicinas hacen que te quieras matar—. CODELO puede provocar sarna, lesiones graves de piel e incluso la muerte. Consulte a su médico si ya es hora de cambiar a CODELO".
> *(Fin de la voz de locutora).*

¡Versia! ¿Cuán jodidos puede tener alguien sus codos para que prefiera cualquiera de estos efectos secundarios, a dejarse sus codos quietos? La cuestión es que tienen que decirlo por ley, porque aquí en USA tú puedes demandar por todo. Si le explota un codo a alguien, meten preso al creador de la crema, a la empresa farmacéutica, al Golden Retriever. ¡A todos!

Siguiendo con las cosas que te joden la mente: Amazon. Todo en este país se compra por correo. ¡Todo! La ropa, la comida, los muebles... yo compro hasta la tierra de las matas por Amazon... y lo más increíble es que te dejan las cosas en la puerta de la casa y nadie te roba nada. Fíjense en mi vecina, yo creo que es *fashion blogger*, la perra esa, porque todos los días le dejan cajas y cajas en la puerta de su casa. Cajas de Sephora... por ejemplo. Yo todas las mañanas, cuando salgo y las veo, pienso: "¡no se va a dar cuenta!". Mi mente maquina: agarro la más pequeñita, me la llevo a la casa, la abro con muchísimo cuidado, con un exacto por el lado del adhesivo, deseando que sea un labial —de mi tono, porque si no, lo devuelvo—, saco la espuma que le meten... ¡Y adentro están las manos que les cortaron a mis vecinos! ¡Coño, no! Por eso es que la gente aquí en USA no roba nada. No porque sean buenos, sino porque tienen miedo a que les salga una vaina. ¡Además chico, a mí no me jodió el chavismo! **¡Estoy #Activaaa!**

Claro, todo tiene sus cosas malas. Lo malo de Amazon es que apenas hagas una búsqueda de cualquier cosa, hasta el día que te mueras te van a llegar correos diciéndote que eso que buscaste... lo hay. Yo tengo más correos de Amazon en mi teléfono, que memes del negro de WhatsApp. Ya eso es mucho decir.

Y hablando de ese machete, hablemos de Ilan. ¿Les parece?

Ilan es un buen tipo, sobre todo porque me entiende. Porque ustedes me ven aquí, toda simpática y genial, pero como dicen los maracuchos: "viví con ella". Yo tengo problemas. Por ejemplo, amo con locura a los perros. Soy una *freak*. Estoy convencida de que mi perro es el perro más hermoso del mundo.

Escribí un libro sobre perros —que por cierto viene la reedición, si lo quieren, podemos negociar desde ya, hermano—. Claro que no soy como esas personas extremistas. Yo puedo entender que exista gente a la que no le gusten los animales, eso lo entiendo y solo les deseo, en silencio, una muerte horrible y lenta... ¡y ya!

Otro detalle que tengo, es que la luz blanca me da ganas de hacer pupú. Haberlo sabido en Disney, ¡¿verdad?! Descubrí eso cuando iba a *Blockbuster*.

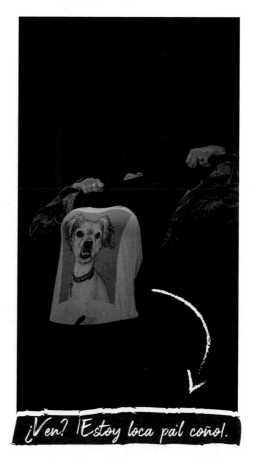

¿Ven? ¡Estoy loca pa'l coño!

¿Se acuerdan de *Blockbuster*? ¡Cuerda de ancianos! A los jovencitos que me leen, les explico: antes de *Netflix, HBO Max, Amazon Prime*, antes de uno poder ver una película en Internet —¡ANTES DEL INTERNET!—, uno tenía que salir de su casa, caminar e ir a un lugar donde alquilaban VHS de las películas que ya habían salido en el cine. No tenían muchas, quizá tú llegabas y no quedaban copias de la que querías ver, entonces tenías que escoger otra, y pagabas por cada día que la tenías en tu casa sin devolverla a la tienda. ¿Recuerdan esos carritos rojos que estaban encima del televisor, donde no cabía la *Barbie*? Bueno, eso era para rebobinar la película antes de regresarla, porque si no, te cobraban más.

Claro, pero *Blockbuster* no contaba con Venezuela, donde hicimos legal la ilegalidad. En Venezuela teníamos los "quemaítos": un DVD o Blu-ray con la película, ANTES de que saliera en el cine, ANTES. De hecho, tú estabas sentado viéndola, y en mitad de la película te salía un anuncio que decía: "Propiedad intelectual de Universal Studios, prohibido distribuir...", uno lo leía y le decía a la pantalla: "Güebón, tienes que estar ¡activo!". Y no era que uno compraba esto en un callejón oscuro o debajo de un puente. ¡No, señor! Había tiendas en centros comerciales, con un anuncio afuera, bien grande: "Tus Quemaítas Favoritas", y empleados con uniformes y el logo de "Tus Quemaítas Favoritas". Pagaban derecho de frente, luz, tenían RIF, ¡la policía compraba sus quemaítas favoritas en "Tus Quemaítas Favoritas"! ***¿Cómo no íbamos a quebrar Blockbuster?***

Pero bueno, volviendo a la luz blanca... yo nunca podía llegar al sitio donde ponían los estrenos, que era al final de la tienda, porque en lo que entraba me daban retorcijones para ir al baño. Agarraba algún clásico —que estaban más cerca de la puerta— y me iba. Y así lo dejé. Pensando que era una cosa muy puntual; hasta que me di cuenta de que entrar a un supermercado aquí me produce exactamente lo mismo. Al principio, pensé que era producto de ver la abundancia, que mi mente de escasez se abrumaba viendo tantas cosas, pero no: resulta que es la luz blanca. Yo entro con mi carrito y mi estómago me canta *(canto con la melodía de Adele)*: "Hello... it's me!". Y yo pienso *(cantando el coro)*: "no te vayas a cagaaaaaar... te ruego no te cagues yaaaaa... Compremos un postre, un heladito, un pudín, unas galletitas, y no volvamos aquí... *anymore*". *(Aplausos, gritos. Adele no sabe la competencia que tiene en mí).*

Pero, a pesar de todo esto, Ilan me entiende, porque el tipo es bueno. Yo digo que es tan bueno como un perro, porque no hay nada más noble en este mundo que un perro. Ilan no se molesta; si se arrecha, se le pasa rápido, no guarda rencor: ¡un perro! Claro, como todos, tiene un defecto: sufre de algo que se llama *"road rage"* o "ira de carretera", o también lo pueden traducir como "loco de mierda al volante".

Ilan se monta en el carro y va bien, lengua afuera, jadeando feliz como un perro. Pero en lo que cierra la puerta: ¡Pufff! ¡Se transforma!

A continuación, casos de la vida real. Vamos en el carro y…

Ilan: ¡Arrrgggggg! ¡Mira el imbécil ese! ¿Cómo va a frenar así? ¡Bolsa de mieeeeeerda! (Ilan inventa groserías).

Yo *(calmada):* Ilan, mi amor... frenó porque tiene el semáforo en rojo.

Ilan: ¡Nooooo! ¡No tiene que frenar así!

Yo: Bueno, mi amor, lo que tú puedes hacer es que como los semáforos son altos, y tú vas viendo que se pone en amarillo, tú calculas y vas desacelerando y...

Ilan: ¡Nooooooo! *(Claramente, esto es un grito de "loco de mierda al volante").*

Vamos manejando por la autopista, el carro que está adelante pone su luz de cruce y procede a cambiarse de carril frente a nosotros...

Ilan: ¡Mierda de su alma! ¿Tú estás viendo? ¿Tú estás viendo? Seis carriles tiene el hijo de puta, ¡seis carriles! No, pero él tiene que ponerse justo delante de nosotros ¡Parido por el ano! Míralo *(haciendo referencia a la salida que acabamos de pasar en la autopista)*. ¡No se salió! ¡No se salió!".
Empiezo yo a tratar de buscar alguna razón por la cual ese auto se haya cambiado de canal: "bueno, mi amor, a lo mejor tiene a su mamá enfermita" —cualquier vaina—.

Pero así como se pone histérico, se distrae fácilmente, como los perros. Llega al semáforo, le cambia la luz a rojo, y vuelve a su estado de perro feliz con la lengua afuera, jadeando y completamente distraído. Cambia la luz a verde, Ilan no se da cuenta... sigue mirando las hojas moverse con la brisa. Oh, pero, ¿qué pasa si a quien está detrás se le ocurre tocarle la corneta? **¡Pffff... la pierde!**

Ilan mueve el espejo retrovisor del centro para encontrarse fijamente con la mirada del conductor de atrás, le dice con los labios todo lo que le piensa hacer: le enseña el dedo medio en el espejo, con la otra mano forma un círculo con el índice y el pulgar, introduce el dedo medio en el círculo, varias veces, al ritmo de una enérgica relación sexual imaginaria; luego cambia de posición y mete el mismo dedo por el otro lado del círculo —que no sé qué significa, pero se ve sucio—, también por allí lo penetra muchas veces, cada vez con un ritmo más frenético.

Luego baja el vidrio y con el brazo afuera, por encima de su cabeza, le hace el gesto típico de: "pásame por encima", pero lo hace con tal fuerza que parece que el que va a pasar por encima del propio carro es Ilan, completamente enajenado. Todo esto mientras tenemos la luz verde... que sería un tiempo valioso para... avanzar. Si al de atrás, en medio de su sorpresa ante tanto odio desmedido, se le ocurre hacer un gestito, Ilan se voltea a verme y me dice: "ese güebón seguro es venezolano".

Que a todas estas, sí podemos reconocer a un venezolano en cualquier parte del mundo. Por ejemplo: somos tan jodedores, que hay palabras que hemos debido sacar de nuestro vocabulario porque ya son un chiste. ¡Alimentos de los que no podemos hablar sin reírnos! Como la leche. Tú no puedes ir a un restaurante donde el mesero sea venezolano y pedirle leche sin que te responda agarrándose la entrepierna: "¿Y con esta jarrita?".

No puedes estar con amigos venezolanos en un restaurante y decirle al mesero que quieres comer huevo, porque alguien va a responder:

"TRÁESELO BLANDITO QUE YO SE LO PONGO DURO AQUÍ EN LA MESA, CAMPEÓN".

Un venezolano, en cualquier parte del mundo, es esa persona que se quiere ir de una reunión entre amigos; y al mismo tiempo, es ese anfitrión que quiere que le dejen su casa sola, pero, por alguna razón, ambos alargarán la despedida:

— Bueno, mira la hora que es y mañana hay que madrugar. Nosotros nos vamos a ir yendo *(mientras toda la expresión corporal dice que no hay intención de levantarse)*.
— Sí vale, nosotros también tenemos una cita súper importante mañana y es mejor que estemos descansados.

— Sí, qué broma, vale. Uno quisiera quedarse más tiempo.

— Totalmente. Teníamos tiempo sin hacer una reunioncita.

— ¿Te acuerdas de la última vez que nos vimos? Que estuvimos como hasta las seis de la mañana hablando paja.

— Sí, vale *(sirve otro trago)*. Bueno, el último para que no se vayan así.

Hay cosas que son tan venezolanas, que nos hacen reconocibles sin que abramos la boca. Por ejemplo: tú estás en algún aeropuerto del mundo, y ves a una persona dormida con sus maletas regadas por el piso, desatendidas... y puedes estar seguro de que **NO** es un venezolano. Y no porque uno no duerma en aeropuertos, pero uno se saca las trenzas de los zapatos y amarra todas las maletas entre sí, para que sea imposible llevarse una sin que todas las demás se muevan; o te sacas las monedas del bolsillo y armas una torrecita sobre las maletas por si alguien las mueve, se caigan y hagan ruido... básicamente, **lo hacemos porque a uno no lo jodió el chavismo para dejarse robar como un pendejo en un aeropuerto internacional.**

Otro ejemplo: tú puedes reconocer a un venezolano cruzando una calle en cualquier lugar del mudo, porque es el único peatón que da las gracias cuando el carro le da el paso. Tenemos hasta un gestito, marca registrada: pasas frente al carro, levantas la cara y una mano al mismo tiempo, doblas un poquito la rodilla contraria a la mano que levantaste.

Como un acto en cámara lenta que indica que quieres trotar, cruzar más rápido, aunque realmente no vas a hacerlo, es solo para demostrar compromiso y amabilidad.

Yo me he descubierto a mí misma agradeciéndole el paso a carros que están completamente detenidos, estacionados con el motor encendido: rostro, mano, rodilla, sigo. Una persona de otro país no da las gracias, es su derecho cruzar; de hecho camina más lento y te mira a los ojos, para retarte. Camina leeeeeento, haciendo contacto visual y te reta.

También puedes reconocer a un conductor venezolano que le está dando el paso a un peatón que **no** es venezolano. Allí sentado en su carro, con las ventanas arriba, sosteniendo el volante con ambas manos, con una sonrisa congelada en el rostro, dice, sin mover los labios: "pasaaaaa mamagüeboooooo… si quieres caminas más lento. Gordo de mierda… estás comiendo arroz… no, tranquilo que a mí me paga el gobierno para verte caminar… ¡Mardeeeto!". Todo sin mover los labios, ni mover el carro. Es solo un desahogo.

63

Otra cosa muy venezolana: nuestro trauma con el papel tualé. ¿Se supera alguna vez?

Yo todavía celebro cada vez que voy a un baño público y hay papel tualé. Hago como un bailecito mental de reconocimiento por el papel que ha de limpiarme en segundos.

El otro día, se nos dañó la nevera y vino un señor americano, nos descongeló el *freezer* y el agua se derramó por todo el piso de la cocina. Ustedes ya deben saber que en el resto del mundo no ponen desagüe en la cocina, ni en el baño, ni en ningún lado. Si a alguien se le inunda la casa, la vende. Bueno, el señor plomero, muy gentil, sin preguntar nada, agarró el rollo de Toallín o papel absorbente y raca, raca, raca: fue haciendo torres de papel, las tiraba en el suelo y las pisaba con el pie para que absorbieran el agua. Secó toda la cocina con el rollo entero de Toallín. Ilan y yo nos mirábamos, gritando con los ojos. Así sería el arrecherón que agarró Ilan, **que se montó en el carro y se fue a manejar.**

Ilan tiene sus cositas, no crean. Por ejemplo, él es el hombre más pichirre y más mezquino que conozco. Ilan es tan pichirre que en nuestro primer aniversario me regaló flores... plásticas. Para no tener que regalarme flores nunca más. O en fechas especiales me regala cosas como... la luna, ¿sabes? Porque no cuesta nada. Ilan es tan pichirre que me hace lavar las bolsas Ziploc para reutilizarlas. Tú ves mis bolsas plásticas a contra luz y tienen manchas de agua. Son un asco. Que además, jodido no es lavarlas, ¡sino secarlas! Pero en serio, sí las reciclamos porque pobres tortugas.

Bueno, de pronto estoy exagerando mucho, porque la verdad es que las mujeres siempre queremos un hombre diferente al que tenemos. Queremos un tipo que nos atienda, que sea detallista y que nos haga reír. Básicamente lo que queremos es un **mesonero gay, vestido de payaso.**

Ojo: que nada tiene de malo ser una mujer heterosexual y tener un novio gay. Estadísticamente, todas las mujeres tendremos un novio gay en algún punto de nuestras vidas. ¡Levanten la mano las mujeres heterosexuales que han tenido un novio gay! Bueno, las que no levantaron la mano

¡ACTIVAS!

Yo estoy tranquila porque yo ya tuve mi novio gay y esa vaina es como la lechina, da una sola vez. Yo tuve mi novio gay por... cinco años. ¡No me juzguen! Yo no me daba cuenta. Obvio no teníamos relaciones sexuales. ¡Pero yo pensé que me estaba guardando para el matrimonio! ¡Ternura!

Hacía pipí sentado. Yo me acuerdo que la primera vez que lo descubrí haciendo pipí sentado, de inmediato llamé a una amiga que estaba casada y se lo conté. Ella me dijo: "¡Déjalo así! Es mejor, porque así nunca te orinan la poceta. Es más, yo le dije a Ramón que había leído en una Cosmopolitan que era bueno para la próstata y lo convencí de que hiciera sentado. Por eso ni te preocupes". Y la verdad es que como hacía pipí sentado, al frente de la poceta tenía su cremita CODELO y ras, ras, ras, se la aplicaba varias veces al día y tenía los coditos más suaves de Los Palos Grandes.

Se compraba toda la ropa en Zara. Y eso sí me llamaba la atención porque la ropa de Zara es como rarita. Las tallas son ajustaditas y todo tiene un tucán, un aguacate sonriendo, una palmera... pero equis, no le paré.

Vivía con su mamá. Pero en Venezuela todos vivíamos con nuestras madres y yo pensé que era más por pela bolas que por otra cosa. Ahora que lo veo en Facebook, que ha viajado por el mundo y sigue viviendo con la mamá, veo que lo de él siempre fue opcional.

¡Tenía la letra hermosa! Pero yo ya les dije que era la época de los "quemaítos" y mi colección de CDs tenía todos los títulos de las canciones impecables. Mis amigas me decían: "¡Qué bella esa letra! ¿Es tuya?". Y yo les respondía: "No, de mi novio que también me hace las mechas californianas... pero porque es muy bueno en química".

Una vez, ya después de cinco años con ese queso que me estaba matando, decidí llegar hasta el fondo del asunto. Me metí en su cuarto y me encerré en su clóset y esperé, y esperé, y esperé. Pues ha entrado con Ramón. ¡Con el Ramón de mi amiga! se sentaron en la cama a conversar... de pronto empezaron a besarse, se estaban comiendo la cara. Yo no podía creer lo que estaba pasando: Ramón le quitó la camisa y la lanzó hacia donde estaba yo, en el clóset, y... no me lo van a creer... ¡era de Zara! Ahí fue cuando dije: **"Amiga, date cuenta"**.

Esa parte de mi rutina nunca da mucha risa. Da más lástima.

Ahora, volviendo a Ilan: nosotros hemos vivido tanto tiempo juntos que hay cosas que yo no sé si son buenas o malas en una relación. Por ejemplo: tiene una costumbre asquerosa, que es meterse el dedo en el oído, como para rascarse... se lo huele... ¡y se lo da a lamer a Pichu! "¡Noooo! ¡No hagas eso!". Y lo peor es que a Pichu le fascina. Tanto lo hace y tanto lo disfruta Pichu, que el otro día le pregunté: "¿A qué te huele?". Y él, súper normal, me respondió: "a torta de cambur". Yo me meto el dedo en el oído, ahora mismo, y no me huele a nada. ¿A ustedes les huele a algo? No me pongan cara de asco, es para un experimento. Después la gente me escribe por mensaje directo que sí les huele o que no les huele. Yo, a todas estas, no sé quién está sano y quién está enfermo.

El otro día hablando con una amiga, ella me cuenta, avergonzada: "¿Tú sabes que yo me baño con el gordo? Estábamos románticos, enjabonándonos, y de pronto, ¡me han dado unas ganas terribles de hacer pipí! Yo no podía aguantarme más. Y le digo: 'Vevéh, vevéh, ¿puedo hacer pipí aquí en la ducha?' Y el gordo me mira, lo piensa unos segundos y me responde a regañadientes: 'bueno, hazlo'. ¡Y bueno, que me hice pipí allí en la ducha, con él!". Yo estoy escuchando esto con cara de póker: "¿tú me estás hablando en serio? ¿Esto es un cuento?". Yo no es que hago pipí en la ducha con Ilan... ¡Yo hago guerra de pipí en la ducha con Ilan! Y claro, ustedes pensarán que gana Ilan porque tiene manguerita y la puede dirigir a donde quiera. ¡Pues no! Porque yo tengo un pote de champú vacío en la ducha, especialmente para esto, lo lleno de pipí y se lo echo encima.

> *¿Qué pasa? ¿Cuál es el asco? Después uno se lava, se enjabona y listo. Pruébenlo: eso fortalece el sistema inmune.*

Ilan se tira un promedio de 73 peos al día. ¡Sonoros! Por suerte no le huelen a nada, porque si no, ya yo estaría muerta; pero suenan durísimo, y para colmo, Ilan tiene tres maneras de relacionarse con sus propios peos.

La primera: sus peos le dan risa. Ilan se tira un peo durísimo y se ríe. Y no lo hace para joderme a mí, porque yo puedo estar en el cuarto y él en la cocina, y yo lo escucho a lo lejos *(sonido de peo, risas)*. A veces hasta me da ternura, porque si él se tira peos así, yo asumo que lo hace desde que era pequeñito y me lo imagino chiquito, calvito, tirándose un peo *(sonido de peo chiquito, risas chiquitas)*. ¡Tan bello! Y la mamá que no le pudo dar dos coñazos de chiquito para que no me llegara de adulto así. Gran suegra.

La segunda forma en la que Ilan se relaciona con sus peos es que me los narra *(sonido de peo)*: "ufff, esa fue la ensalada de brócoli que me cayó pesada" o "es que yo no puedo comer granos en la noche".

La tercera forma de relacionarse con sus peos —y esta, por alguna razón, aunque tampoco huele, me da más asco— es que los gime *(sonido de peo, gemido de placer*

masculino). ¿Qué será lo que siente que le produce tanto gusto? ¡Qué asco vale! Si le reclamo, me dice: "tengo que tirarme peos; si no me puedo enfermar". ¿Será que él piensa que yo no necesito tirarme peos? Él debe creer que yo me tiro burbujitas de jabón como un unicornio. ¡Claro que yo también me tiro peos! ¡Solo que no delante de él!

El otro día llegó de trotar, absolutamente sudado. Se paró en la mitad de la sala y comenzó a desnudarse. Yo estaba sentada en la mesa, trabajando en la computadora a dos metros de distancia, frente a él. Se quitó los zapatos *(los lanzó)*, las medias todas mojadas *(las lanzó)*, se sacó la camisa *(la tiró sobre el sofá)*, se quitó el short y se quedó en interiores, completamente sudados. Luego hizo lo siguiente: se metió ambas manos dentro del interior para frotar sus bolas, como si fuesen la lámpara de un genio al que quiere pedirle tres deseos, pero que caprichoso se niega a salir; frota con más fuerza, estruja, mide, sopesa. Ninguna fruta ha recibido tanto tacto como ese racimo de mamones en ese momento.

¿Cuál fue mi reflexión instantánea? Ilan debe estar descubriendo cosas, lugares, sensaciones; todo en ese justo momento, que no es tan largo, pero que parece eterno. Después de tanto, lentamente, se sacó las manos de los interiores, frotó las manos entre sí, como sacudiendo un polvo imaginario, subió ambas manos y enterró su nariz entre estas, que formaban un pocillo hueco. Una vez con la cara en sus manos, respiró profundamente con los ojos cerrados. Llenó sus pulmones de ese aroma que produce su cuerpo. Fue un acto animal, primitivo, delicioso.

Yo, que estaba allí, mirando todo, le dije: "epa". Ilan se asustó, se puso nervioso y rojiiiiito, se movía sin saber qué hacer. De hecho, se le secó el sudor del tiro: "no, no, no. No es lo que tú crees.", me dijo.

Yo solo podía pensar: "¡Menos mal que lo interrumpí!, porque si no ¿qué sería lo próximo?".
Exacto: ¡Meterse el dedo en el culo!
Y DÁRSELO A PROBAR A PICHU.

(Aplausos y gritos desesperados del público. Se secan las lágrimas de la risa. Nunca se habían reído tanto. Ustedes también pueden soltar el libro un minuto para aplaudir).

¡Gracias mis gente gentes!

Y ahora, con esa misma energía y emoción, quiero que le den la bienvenida al campeón venezolano del "Doble *Check* Azul", al mejor tuitero del Internet —porque un tuit solo permite 280 caracteres, y a él le quedan sobrando 200—. Un muchacho que en este libro ha trabajado muy duro para sobreponerse a su letrofobia (miedo indescriptible a escribir más de dos líneas seguidas), y que lo ha dado todo para conseguir poner algo de su rutina sobre el escenario en, posiblemente, página y tres cuartos de escritura —ayudado por nuestra editora, claro—.

Sin más halagos, con ustedes... ¡Alex Goncalves! (Recuerden que en este momento deben saltar la página 192 a la rutina del tío Alen).

Rutina creada por:

Jean Mary Curro
Año: 2017

Jean Mary

NRD

CUANDO

LA QUÍMICA

LA QUÍMICA

LA QUÍMICA

LA QUÍMICA

INN

Cuando esto pasa nacen proyectos hermosos, o mejor dicho, PROYECTAZOS. Porque un *podcast* que lleva más de dos años triunfando es una bendición, y no como la que viene con pañales que te trae la cigüeña, sino una que te entretiene con *#comedia* y te hace sentir que la distancia es solo un concepto, algo abstracto.

No en vano **#NRDE** está posicionado dentro de los *podcasts* más consumidos en español, tanto en *Spotify* como en *YouTube*. Incluso, podríamos hacer una larga lista enumerando todos sus logros, sin embargo, eso solo alimentaría los egos. ¡Buehh, pero qué tanto! *(wink-wink... o guiña'íta de ojo, pa'l que no entienda).*

Vamos a hacer un TOP 10:

1

Posicionamiento destacado en los *rankings* y hasta estuvieron entre los más destacados del 2019 de la revista *OK!*

2

Un *Stand Up,* con el mismo nombre, que les ha permitido girar por muchas ciudades de Estados Unidos, Latinoamérica, Europa y hasta Dubai (cosa que todos sabemos, pues cada dos episodios cuentan que fueron a f@#$ing Dubai)

3 Los MEJORES FANS del mundo mundial —esto debería estar de primero en la lista—. No solo tienen un club en Patreon donde miles de personas los apoyan con verdes *(#k-ching!)*, sino muchísimas cuentas de Instagram donde nos reunimos para hablar de lo divertidos que son los tíos. Entiéndase bien este último punto, porque están: *@nrdemomentos @nrdefansclub @elgrupitodenrde @clasemedianrde @peloncitosplusnrde @nrdesinfronteras @nrdeimbatibles @nrdeeuropa*

4 El estudio con más cambios hechos en menos de cinco meses; pero, seamos honestos, cada vez lo ponen más lindo *(revisar Apartado #4)*

5 Poder mantener los gustos exquisitos de *#PichuSonreído* y *#ElConanAlejandro*. Mentira, esos son unos ángeles, más bien debemos mencionar el lujazo de tener como madrina —y ahora prologuista— a Catherine Fulop, bendecida y afortunada, por los siglos de los siglos (todos digamos "Amén")

6

Si de mencionar se trata, ¿dónde me dejan la larga lista de invitados fantásticos que han tenido durante estas tres temporadas? Desde Maite Delgado, pasando por José Rafael Guzmán —antes y después de la cárcel— hasta Carlos Villagrán, alias "Kiko". Han sido más de dos años y muchísimos invitados *#DoTheMath*

7

La tía JeanMa encontró a su gemela perdida en Argentina (que nada tiene que ver con otras gemelas, aclaro)

8

El tío Alen revivió la emoción de conducir una edición *reloaded* de "12 patreoncitos" (excelentes cupidos, debo admitir)

9

Los mejores *#PatrocinadoresOficiales* que son Ron Diplomático y Gn'G Boutique (una jaladita, muchachos, miren que ellos también son parte de esto)

10

Y por último, pero no menos importante, ***Nos reiremos de esto: el libro del podcast del stand up.*** Lo sé... cero creatividad, pero igual este libro está "mi amor con te quiero, vevéh"

VENEZUELA

N° 138

OK!

PRIMERA EN NOTICIAS DE CELEBRIDADES

Los más EXITOSOS de 2019

LEONOR DE BORBÓN
Se transforma de niña a mujer

¡SE VA UNA DÉCADA!
25 celebridades despiden una etapa

Como cada año, reunimos a lo mejor del talento venezolano, en una edición que celebra la reinvención, la evolución y la trascendencia de los criollos en el mundo

PMVP
Bs.S. 65.000,00
11/22 2019

Les regalaré un bonus que me parece importante: el beso del tío Alex y Elba Escobar... ¡o sea! Un súper *check*.

Bueno, todo muy lindo y bello, pero la verdad es que los comienzos no fueron puras risas y aplausos. Deberíamos hablar de los inicios y echar el chisme como es, porque los tíos también tuvieron su momento difícil.

EL BEHIND DE LOS INICIOS

Todo comenzó una tarde calurosa de abril —en realidad pudo haber sido en febrero o en agosto, total, en Miami casi siempre hace calor—. Para ese entonces, hace cuatro años atrás, los tíos estaban haciendo *NoSiTv* (un programa por *YouTube* que hoy ha vuelto a ver la luz). De hecho, el tío me cuenta que al nacer la idea del *podcast* hubo un primer intento: logo, sesión de fotos y demás. Era el reencuentro de los tíos en Miami —recordemos que Alex venía de estar en Panamá y JeanMa en Puerto Rico—, y una productora estaba interesada.

Por aquí les compartimos ese logo inédito, bastante "mayamero", para que vacilen.

Por cierto, les contaré la historia en tiempo presente para que lo vivan también...

Durante esta temporada de *NoSiTv,* Alex no está muy satisfecho con el resultado: la posproducción del programa es complicada y el equipo no es muy… ducho… que digamos. Y seamos honestos, no tener el control sobre eso puede matar la química de cualquiera, incluso entre dos tíos que se adoran.

Para que tengan una idea: muchas veces los episodios fueron grabados sin audio y hasta un "Goncalve**z**" se escapó por allí —sí, así como leen, Goncalvez con **"Z"**, lo que le resta *power* al espíritu portugués[1] —. A este punto era casi como decir El AleZ GoncalveZ.

Y esto es solo el comienzo del final, pero también es la chispa para una nueva idea: ¡el *podcast!* Propuesta que Alex le hace a JeanMa y ella responde, llena de emoción: "ajá, ¿y qué coño es un *podcast?* (me disculpan el francés, yo solo estoy echando el cuento tal y como sucedió). De hecho, el tío me cuenta que él ya había hecho un *podcast* sobre música, cuando este formato era cualquier cosa menos popular, y en lugar de ser coronado como

[1] ¿Cómo saber si un apellido es portugués o español?
Si termina en "s" como Goncalves, Fernandes, Gonzales y Rodrigues es portugués.
Si termina en "z" es español (Goncálvez, Fernández, González y Rodríguez).
Ahora sabrás si tienes más amigos de familias portus o españoletas.

visionario de su época, por ser de los primeros en innovar en nuevas plataformas, nadie se acuerda de esto. Eso sí, a excepción de *TikTok* —que aún no descifra bien cómo lograrlo—, se cree que es algo generacional. *(Oops!).*

Volviendo al cuento, Alex quiere trabajar con Jean Mary en un proyecto juntos y *NoSiTv* parece ser la oportunidad, hasta que escriben mal Goncalves, ¡no, mentira! En realidad, como las cosas no se están moviendo bien allí, la idea del *podcast* —entiéndase: solo en versión audio— es muy atractiva, porque a nivel de producción y edición es más sencillo. El detallazo es que para ese entonces, la tía está pasando por un momento difícil, económicamente hablando *(#emigrar),* y embarcarse en una aventura sin garantías no es una apuesta fácil de asumir, pues la tía viene de trabajar tres meses en radio, luego en una tienda, también como *Community Manager,* y no goza de mucha estabilidad. Sin embargo, luego de una conversación con Ilan, termina aceptando la propuesta de hacer el *podcast:* "voy a asumir esto como mi último cartucho. Sé que es un riesgo porque no sé a dónde me va a llevar, pero déjame hacerlo". Algo en su interior le dice que se lance y yo me atrevo a decir que es su intuición.

El caso es que luego de esa coversación intensa, que obviamente no puede ser de otra manera (y no por *#JeanMaIntensa,* sino porque se trata del rumbo laboral de la tía), Ilan decide apoyarla —no todos los héroes usan capa— y nace: ***Nos Reiremos De Esto.***

*** ***FIN*** ***

RUTINA DE ALEX

**NO, ¡YA VA!

Me salté demasiados sucesos. ¡Sabían que antes de grabar cualquier cosa de #NRDE los tíos duraron meses sin hablarse? Ajá... hubo botellazos y demás. ¡Quieren saber ese chisme completo?

¡SIGAN LEYENDO!

$\longrightarrow$

Primero, debo acotar que no hay tales botellazos, eso lo estoy inventando yo para que me sigan leyendo… ya saben, uno siempre tiene que sazonar un chisme, y ustedes, que siguen aquí, son una cuerda de chismosos. Pero prosigo; lo cierto es que sí hubo una gran fricción entre Jean Mary y Alex, **que casi les cuesta su amistad, y a nosotros tenerlos como tíos. ¿Se imaginan? ¡Ay, no! (inserte *sticker* del monito).**

Para hacerles el cuento-chisme largo-corto, antes de todo el drama, Alex entra en un proyecto que promete muchas villas y castillas. Allí sería más libre de producir contenido —al menos eso piensa—, y podría transmitir en vivo desde *YouTube*, pues eso es lo que él más consume. Además, en teoría, esta vez sí existe la promesa de un sueldo para ambos, gracias a esta productora que mencioné hace miles de líneas atrás y a la llegada de una persona clave en esta historia... una persona que los tíos no quieren ni mencionar, pues no merece la pena dañar este libro tan lindo.

De todas, todas, para echar el cuento completo hay que hablar de ella, así que vamos a ponerle un nombre ya mismo:

En ese tiempo, reaparece en la vida de la tía una mujer que se vende a sí misma como algo que **NO** es, pero lo hace con tal seguridad, que no te queda otra que creerlo hasta que los hechos demuestren lo contrario. Resulta que entre las cosas que ella **NO** es, pero que aparenta muy bien, figura el rol de gran amiga.

Esta nueva "mejor amiga" de la tía, también le endulza el oído diciéndole que el proyecto que está comenzando a hacer con Alex está muy bonito y que ella, con todo su conocimiento y contactos, puede hacerlos crecer mucho más y más rápido. **"Monetizar" es la palabra clave.**

JeanMa me cuenta que cuando la conoces, su manera de venderse te sorprende y te deslumbra. En sus propias palabras:

"Después del Taj Majal y la penicilina: ella... por esa razón, lo primero que sientes es rechazo, porque tanta egolatría desmedida te cachetea (y con razón). Pero justo cuando estás a punto de mandarla al carajo (en tu mente), ella vuelca esa misma exageración de atributos sobre ti. Ahora tú eres más interesante que el cosmos y más grande que Canadá. Ese juego de la mente hace que termines admirándola y te sientas profundamente atraído por ella".

Entonces, esta gurú se empieza a involucrar mucho en la vida de la tía, tanto que hasta pasa todo un sábado acompañándola en la tienda donde trabaja. Con un acto tan "desinteresado" —sobre todo para una persona tan ocupada e importante como ella— ¿Cómo no caer en las redes de la manipulación que vendría luego? ¿Ya están enganchados con la historia? Porque esto apenas comienza.

Con tanto interés de la gurú, JeanMa termina cuadrando una cena en su casa para presentarle a Alex, quien esa noche se va con un extraño sentimiento. A pesar de esto, los tíos están emocionados y con grandes expectativas: semejante figura está interesada en trabajar con ellos. Pero, ya va, que me estoy adelantando. Volvamos a la nueva faceta con *Capture It TV,* donde el tío es el director de contenido y piensa: "nada, esta es nuestra oportunidad de hacer *stand up,* y vamos con el mismo nombre que tenemos para el *podcast* (Nos Reiremos de Esto)".

Dicho y hecho, hacen un primer *show* en Miami y la tía invita a esta mujer, que los ve muy emocionada. Al terminar el "chosss", la manipulación no se hace esperar: "maravillosos", vitorea la gurú. Los ojos del tío Alen brillan como Candy Candy viendo a Anthony o a Terry[2]. Él ve en la gurú la oportunidad de crecer más (recuerden que ella es la segunda al mando después de Dios), y donde está Alex, la cosa va muy lenta.

IDEA MILLONARIA DEL TÍO: meter a la gurú como productora de medios, para impulsar el canal de *YouTube* y monetizar, finalmente.

La gurú exclama: "no se diga más" y los dueños de *Capture It TV* arman un espectáculo, con un almuerzo sumamente generoso en Brickell. En lo más profundo de Alex, una voz le hace dudar de todo aquello y al llegar del almuerzo se lo dice a su esposa, Karen. En ese momento, el tío no tiene pruebas, pero tampoco dudas... sin embargo, se deja llevar. Y es que la gurú tiene muy bien montada toda su farsa digital —que es en el único lugar donde ella existe, en la vida 2.0—.

A partir de aquí todo se va en picada: un ambiente tóxico de trabajo + una persona que te quiere joder de gratis —cosa que aún el tío Alen no comprende, porque más bien él le ofrece un acuerdo para ambos ganar—. Antes de que la gurú entre en el juego, él ya tiene cuatro meses trabajando allí, ha producido seis programas, conseguido 20 mil suscriptores: o sea, eso ya viene caminando hace rato, pero el tío solo quiere potenciarlo. La situación se complica cada vez más y ocurre una serie de cosas que alarman al tío. ¿Intrigados?

---

² Ojo, aquí no se habla mal de Candy Candy, ella tenía un corazón muy grande y punto.

Bueno, resulta que ella empieza a poner a los empleados en contra de Alex sin él saberlo. En la tercera reunión con ella, donde todas sus ideas son rebotadas, él empieza a darse cuenta de que la gurú no es quien dice ser.

¡Inciso! ¿Quieren leer una historia divertida de cómo el tío Alen abre los ojos?

Un día, él descubre la aplicación *Theaterears* (para escuchar las películas en el cine dobladas al español) y al ver que sus oficinas estaban en Boca Ratón, piensa que puede ser un cliente/*sponsor* del canal. Esta idea se la comenta a la gurú y ¿qué creen? Ella le responde: "no pierdas el tiempo, yo los conozco, son venezolanos y no tienen plata para eso".

El tío le hace caso, pero en una ida al cine prueba la App y le parece buenísima, por lo que igual la recomienda en sus historias y la cuenta de @theaterears le reacciona. Alex no pierde el tiempo y decide escribirles a ver si están interesados. Claro, el tío les habla en español criollo, pero no consigue comunicarse, hasta que les escribe en inglés y estos le responden que sí están interesados y coordinan una reunión que culmina con éxito.

¡NO ERAN VENEZOLANOS UN CARAJO! Y MÁS INCREÍBLE AÚN, NO SABÍAN QUIÉN DEMONIOS ERA LA GURÚ DE LOS PALOTES.

(Obviamente, esto solo aumenta las sospechas del tío Alex).

Continuando con el cuento, ella misma redacta un contrato, donde expresamente se autodenomina CEO de la compañía dueña del canal de YouTube. Pero necesito darles contexto: contratan al tío en esa empresa para levantarla, con la promesa de recibir acciones, ya que ellos no tienen mucha experiencia, así que es Alex quien realmente la levanta y saca a flote. Su idea de meter a la gurú es para lograr mayor impulso, pero ella planea —cual villana de Thalía en cualquiera de sus telenovelas— apoderarse de la empresa: con ese contrato se pone a ella misma de accionista y saca al tío por completo. No sin antes dejar claro que **nadie** debe saber que ella trabaja allí, ordenándole al equipo no exponerla en redes sociales. Eso ya huele muy raro, ¿no?

El tío Alen empieza a sacar cuentas y le comenta sus sospechas a los dueños: "¿No les parece raro que una gurú, que dice ser la más arrecha del mundo, pase todo el día en un *warehouse* del Doral con una computadora hecha verga? Cuando se supone que hasta *Apple* le manda regalos a la puerta de su casa y es *brand ambassador* de marcas como *Coca-Cola*". (*Inserte voz sifrina de Paparo[3] en "brand ambassador"*).

Los chicos de la productora le dicen: "*too late,* ya la contratamos, pero vamos a ver qué podemos hacer". Al día siguiente, le dicen al tío que es imposible hacer algo y la gurú se entera de que él fue quien la puso al descubierto, así que Alex = *target.*

---

[3] Esto no se debería explicar. Si no captas la referencia, eres muy joven para este libro.

Voy a retroceder en el cuento, porque así me lo echaron —el cuento, mal pensados—. Antes de destapar esta caja de Pandora, los tíos tienen una reunión con la gurú para hablar de un programa juntos, estilo *late night* —formato que el tío Alen conoce a la perfección—, y aquí comienza el rebote de ideas. Nada le gusta a gurusita, ella quiere hacer algo "nuevo" y les presenta un formato obsoleto que, obviamente, los tíos rechazan.

De esa reunión, ambos salen muy frustrados, tanto así que se llaman para conversar de lo sucedido:

J.M.: ¿Tú quieres hacer esa vaina?
A.G.: Nooo, para nada. Eso es una mierda, todo. ¿Qué quieres hacer tú?
J.M.: Yo quiero hacer *stand up.*
A.G.: Hagamos una cosa, agarremos los jueves que nos presentamos en este local de Kendall para hacer *Nos Reiremos de Esto.* Allí podemos ser los *Hosts* de la noche, podemos probar material y también presentar a comediantes nuevos. Grabemos eso y lo pasamos por *Capture It TV,* ya tenemos un cliente local y contenido nuevo cada semana.
J.M.: Me encanta, esa es la idea.

Todo eso pasa un domingo, pero el lunes en la tarde, gurusita llama a la tía y le dice: "si no quieres trabajar aquí, ¿por qué no me lo has dicho?". A lo que Jean Mary responde: "¿De qué coño me estás hablando?". Gurusita insiste: "si se supone que somos amigas, ¿por qué no me lo has dicho?".

Para que entiendan la estrategia aguda de esta gurú, ella no te pone en contra de la persona directamente, ella te hace creer que esa persona está mal para que tú te alejes "por decisión propia". Y allí comienza la etapa oscura de la relación entre los tíos.

Retomando entonces...

Primer coñazo: rebotar todas las ideas. A la gurú no lo gusta ninguna de las ideas que propone Alex para la nueva temporada.

Segundo coñazo: por un lado, decirle a Alex que él le da demasiada pantalla a los "niñitos" del canal (empleados a los que Alex les da la oportunidad de tener programas) y, por otro lado, decirles a los "niñitos" que el tío es muy prepotente.

Tercer coñazo: decirle a la tía que Alex se ha convertido en un dictador, que le grita a la gente porque se le han subido los humos.

Cuarto coñazo: en una conversación íntima "entre amigas", gurusita le dice a Jean Mary: "no te extrañe que Alex le pegue a Karen, porque él claramente es un misógino".

CUANTA MALDAD HAY EN TI, DE VERAS...

Pero la estocada final es hacerle creer a Jean Mary que Alex le ha dicho a todos en el canal que ella ya no quiere trabajar allí. La tía no puede creer esto, está muy dolida... ella cuenta con ese trabajo a futuro.

Pelen la oreja —bueno, los ojos—, porque **la cosa se pone peor.** Conversación entre Jean Mary y gurusita:

J.M.: ¿Cómo Alex va a decir eso, si justo ayer hablamos y decidimos lo que queríamos hacer juntos en el canal?
La G.: Pues no te extrañe que ya no te necesite y te esté botando el culo.

Todo esto está sucediendo de una forma orquestada. Al tío lo están haciendo ver como un misógino déspota (entiéndase un *mama egg),* al mismo tiempo que le rebotan las ideas y lo frustran. Mientras que a Jean Mary le vienen envenenando la cabeza con pura paja loca.

La gurú aprovecha este clima para hacer su toma de posesión e invita a la tía JeanMa y a Karen. En esta reunión, donde obviamente se siente la tensión, gurusita presenta los nuevos procesos y por ningún lado figura el tío Alex. Aquí viene una escena cumbre. Usen su imaginación para recrear el momento:
Todos sentados en una reunión súper tensa.
La gurú apoderándose del mundo.
Alex excluido totalmente, escuchando toda esa porquería, se molesta y decide darle la espalda a todos: literal, voltea su silla en señal de rechazo rotundo.

Karen y Jean Mary confundidas por este comportamiento. La tía piensa: "lo que dice gurusita de Alex es verdad. No la respeta".

La gurú se la da de mártir y pide la opinión de todos, para simular un ápice de democracia.

A Jean Mary le toca opinar sobre lo que ella quiere hacer en el canal. El tío Alex espera que su respuesta sea: "ya yo hablé con Alex y queremos hacer esto así y asa'o". Pero lo que la tía dice está muy lejos de eso: "yo quiero tener un programa de *sketches,* como una especie de *Saturday Night Live".* Claro, entendamos que esto lo dice así por creer que Alex ya no quiere trabajar con ella, tipo: "ah ¿ya tú no me necesitas? Entonces yo hago mi mierda sola". (Palabras textuales).

Alex está tan arrecho con el golpe de Estado que le están haciendo, que se levanta y se va. (Con estas fuertes declaraciones, el tío reconoce que él se va molesto, pero no con Jean Mary, él está es cabreado por toda la situación).

A fin de cuentas, Alex piensa que luego hablará con la tía y todo se solucionará. Su problema más grande es que la gurú le está quitando el trabajo en su cara y le hace quedar mal con todos.

En resumen, Alex pasa de ser el líder que lleva la batuta, a bajar la cabeza y aceptar todo, sin estar de acuerdo.

¿Y qué pasó? Gurusita duró tres meses en el canal y lo llevó a la quiebra...

Espero que estén leyendo esto con cotufas en mano (buscar traducción de "cotufas" según sus regiones[4]). Porque yo, que ya me sé el cuento, estoy reviviendo todo y aún no lo puedo creer. ¡Es que falta más!

A todas estas, los tíos tienen planificado un *show* en Chile, que prácticamente se está vendiendo solo porque ninguno de ellos le está haciendo gran promoción. La fecha del *show* se comienza a acercar y gurusa hace que los dueños del canal despidan a Alex, no sin antes hacerles firmar un contrato de confidencialidad a todos, para amordazar al tío y evitar que este pudiese exponerla en sus redes. En realidad, ella siempre pensó que él renunciaría después de tanta presión y toxicidad, pero coño, hay gastos que costear.

Luego, la tía le escribe al tío en plan de: "hola, vamos a hablar" y Alex la deja en azul (cosa que tampoco es tan rara, ni hay que tomarse personal). Después de todo lo sucedido, ellos no habían hablado y el *show* de Chile estaba casi en puertas. "Coño, ¿yo tengo que viajar con este pana así? Necesito hablar con él", piensa JeanMa; pero Alex firma el

---

[4] Pochoclos en Argentina. Pipoca en Bolivia, Brasil y Portugal. Cabritas en Chile. Canguil en Ecuador. Crispetas en Colombia. Palomitas de Maíz en Costa Rica, Honduras, España, México, Nicaragua y República Dominicana. Rosetas de maíz en El Salvador. Poporopo en Guatemala. Pororó en Paraguay. Popcorn en Panamá y Puerto Rico. Canchitas en Perú. Pop en Uruguay. Y gallitos en la República Independiente de Maracaibo. (Si cantaste la canción "Latinos" de Proyecto Uno, ¡te quiero!).

bendito contrato y legalmente no puede hablar del tema, además piensa que no tiene sentido porque la tía está muy envenenada por la otra.

Y sí, ciertamente gurusita la sigue envenenando con comentarios; tanto así, que como ella sabe que Jean Mary y Karen hablan full, le dice a la tía: "yo quisiera hablar con Karen, porque ella se ve que debe estar muy oprimida por Alex". Por otro lado, Karen, en su infinita sabiduría, no dice de frente "la gurú te está engañando", pero sí le dice: "las cosas no son necesariamente como tú crees o como te las están pintando. Alex y tú tienen que sentarse a hablar". (Y eso que aún no existía *El Retrovisor*, ¡o sea!)

> **De hecho, la tía dice:**
> **"si a mí me hubiesen jodido a Ilan así,**
> **yo no sé qué hubiera hecho".**

En pocas palabras, es Karen quien salva esa relación. Insisto, no todos los héroes usan capa, pero me estoy adelantando al desenlace.

Mientras todo esto sucede, Alex está tan, pero tan frustrado, que hasta toma pastillas para dormir, porque nadie ve lo que realmente está pasando.

Jean Mary está tan, pero tan frustrada, sin saber la verdad detrás del despido de Alex y le escribe al tío:

(AZUL O EN VISTO 4EVER!)

Acto seguido, la tía intenta suspender el evento llamando a la productora en Chile, con la excusa de tener un "problema familiar" —entiéndase el peo sin resolver con Alex, y tener que viajar ocho horas con él para presentarse juntos—. La pobre tía tenía incluso ataques de ansiedad por esto, pero el evento está casi *sold out* y es imposible suspender. En un intento por darle la vuelta, Jean Mary propone que Alex vaya solo, pero la productora (de venezolanos) le responde que **#NRDE** es su primer evento y si quedan mal, quiebran de una. Pffff, la tía no puede hacer eso, jamás se lo perdonaría.

Finalmente, llega el viaje a Chile, ocho lindas horas de vuelo entre dos personas que no han arreglado sus "diferencias".

La cuestión es que el tío no sabe cómo va a reaccionar la otra parte, pues la idea es decirle todas las verdades sobre gurusita, que es "su mejor amiga", y prefiere evitar un problema antes de subir al escenario; así que decide manejar todo con mucha mano izquierda.

Encuentro en el aeropuerto:

⟶ *Mood de Alex:*
"voy a llevar la fiesta en paz".

⟶ *Mood de Jean Mary:*
"no sé cómo llevar la fiesta en paz".

El *show* se hizo, no hubo heridos, más bien hubo abrazos y todo salió tan del CARAJO que hicieron una función extra, de un día para otro, y agotaron.

Y BUENO, FIN DE LA HISTORIA...

A menos de que quieran saber cómo fue realmente el momento de la reconciliación. ¡Busquen pañuelos, pues!

Lugar: Aeropuerto de Chile. *Starbucks.* (Justo antes de abordar el avión de regreso a Miami).

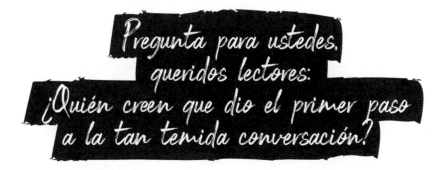

Pregunta para ustedes, queridos lectores: ¿Quién creen que dio el primer paso a la tan temida conversación?

Señale con una X su elección:

———> **ALEX**   **JEAN MARY** <———

☐   ☐

Si respondiste Jean Mary... ding. ding. ding.
¡te ganaste un #PichuSonreído de la suerte!

J.M.: Alex, ¿hablamos o nos hacemos los güebones y seguimos la fiesta así?

Solo eso bastó para que el tío se volteara y comenzara a hablar. Finalmente, él podría desahogarse y decirle todo.

A.G.: Bueno, nena... (un suspiro profundo). Gurusita no es nada de lo que tú crees que es... (Inserte música de momento cumbre "chan- chan- chááánnnn").

GURUSITA TE HA MENTIDO TODO ESTE TIEMPO.

J.M.: Ujum (en su cabeza pensaba "sabía que me dirías eso").

Pero Alex tiene todas las pruebas en mano. Le cuenta sobre *Theaterears* y le muestra los mensajes. Incluso le muestra el correo donde él explica, con pelos y señales, el programa que quiere hacer con Jean Mary. En ese justo momento, la tía rompe en llanto.

¿Será que puedo hacer un último inciso acá? Es que cuando la tía me está echando el cuento de la reconciliación, se acuerda de algo más.

Volvamos a Chile, al siguiente día del *show*: JeanMa tuvo un episodio chimbo, un ataque de pánico, pero chiiiimbo. Se encierra en el baño y no puede salir, permanece varias horas encerrada y sentada en el piso detrás de la puerta, y llama a gurusita —en otras palabras, se la puso en bandeja de plata—, y gurusa le dice: "lo que tú estás sintiendo es culpa de Alex, porque Alex es un misógino y tú te estás dando cuenta", y ya ese día la tía se siente incómoda hablando con ella, porque esa no es la razón del ataque de pánico, más bien el *show* ha salido tan genial que los tíos comienzan a abrirse de nuevo. Como diría un gringo, esto es una *red flag* para JeanMa.

Fin del inciso.

Quedamos en que los tíos empiezan a hablar, Alex le muestra las evidencias, la tía llora y se empieza a angustiar… "¿con quién demonios he estado compartiendo todo este tiempo?". El tío le dice que no se preocupe, que si ella debe seguir trabajando con gurusita que lo haga, pero que cobre bien; porque mientras a JeanMa le paga $300 por un trabajo, a otra caraja le paga $1,500 por lo mismo.

Pongámonos en los zapatos de una Jean Mary con toda esa información durante un vuelo de ocho horas… lo que hace es pensar, reflexionar y entender muchas cosas. Luego de esa conversación, a ella le caen todas las lochas juntas. En serio, es un despertar total y se da cuenta de que gurusita es una absoluta **FARSA** —sí, así en mayúscula sostenida—.

Sin embargo, viendo el lado positivo, las ochos horas también sirven para que los tíos piensen en su proyecto juntos. Alex le insiste en hacer un *podcast* y la tía acepta; total, en donde está, con gurusa, no tiene un sueldo… solo la promesa de algo futuro, así que no hay mucho que perder.

Esta etapa climax de la historia
se puede resumir de esta forma:

MIAMI-CHILE

· LOS TÍOS **NO** SE HABLAN ·

CHILE - MIAMI

· LOS TÍOS YA SE HABLAN ·

¡Y SE QUIEREN!

Los tíos llegan a Miami, y al día siguiente la llamada de gurusita no se hace esperar: obviamente quiere saber cómo llegó JeanMa. Deciden verse y hablar en persona...

J.M.: Mira, gurusa, hablé con Alex, nos pedimos perdón mutuamente por los malos entendidos y la verdad es que ambos trabajamos muy bien juntos. El *show* salió increíble y tú sabes que yo lo que quiero hacer es *stand up*. No estoy contenta con lo que vengo haciendo en *Capture It TV*.

La G.: Entonces eres una hipócrita, me has mentido todo este tiempo.

J.M.: ¿Hipócrita por qué? ¿De qué estás hablando?

La G.: Porque tú me has hablado mal de Alex y de Karen.

J.M.: De Alex lo que he hecho es reaccionar a lo que me cuentas de él, pero de Karen ¿qué te he dicho?

La G.: Tú me hablaste paja de Karen.

J.M.: Lo único que comenté fue que volvió a trabajar con una maquilladora que me embarcó a mí y también a ella. Te hice el comentario tipo "qué pendeja que la contrató de nuevo". Eso no es hablar mal de ella. ¿Qué más te dije?

La tía me cuenta que gurusa se queda sin argumentos y cambia la estrategia, así que opta por el llanto desconsolado.

El caso es que su nivel de lloriqueo se intensifica tanto que la tía se pone en piloto automático y solo quiere sacudirse la mala vibra; de hecho ya ni habla, solo la ve llorar.

La G: Entonces ya no podemos ser amigas, porque ¿cómo haríamos si cumples años y quieres hacer una fiesta? Yo no podría estar porque estará él.

J.M.: Yo no celebro mi cumple...

La G.: Tú sabes a lo que me refiero.

J.M.: Él tampoco es que es tu enemigo. Tuviste problemas laborales con él, pero igual ya lo botaste, así que ganaste.

La G.: ¡Ganó él porque tú le crees todo lo que te dice! Claro, ahora él es la víctima[5]... "pobrecito Alex que no tiene trabajo". *(Todo esto con un tono burlón y a moco suelto).*

Allí rueda gurusita, porque la tía jamás le cuenta lo que habló con Alex, solo le dice que ella quiere trabajar con él, pero bueno, gurusitica llora hasta más no poder, y JeanMa apenas intenta asimilar todo eso.

Para cerrar con broche de oro, gurusa le dice: "okey, tú tomaste tu decisión y los amigos de mis enemigos son mis enemigos, así que yo no quiero saber más nada".

---

[5] Si pensaste "se hace la *vístima*", eres de los nuestros.

WHAT?????

¡Fue ella la que se batió un champú? —esa fue mi reacción cuando me lo contó—.

J.M.: ¿No quieres saber más nada de qué?

La G.: De ti.

J.M.: Entonces no hay nada más que hablar.

La G.: No.

La tía se para y se va.

Entendamos algo: un mitómano vive en una realidad distorsionada, es algo patológico y los aires de grandeza vienen en el combo; pero cuando ese ego tan enorme se queda corto porque alguien te desenmascara, debes actuar rápido. Y eso fue lo que hizo la gurú cuando Alex la puso en evidencia, es decir, lo sacó rápido de la ecuación. Solo que ahora se ve aún más acorralada porque la tía tampoco cree en ella, así que debe seguir su camino distorsionado. **(Ojo: la idea no es que sientan pena o lástima por ella, pero bueno, en serio esto es una enfermedad y es normal si llegan a sentir compasión).**

Obviamente, después de esta locura, los tíos se unieron más y decidieron entrompar el camino del *podcast* juntos: "el valor de la amistad". (Si aún no han visto este primer episodio de *#NRDE,* vayan ya a *YouTube* a verlo). Allí están un Alex y una JeanMa sin trabajo, apaleados, con miedo, pero fortalecidos en su relación.

Btw! No es casualidad que empiecen a bajarle contenido de *YouTube* a Alex, que los suscriptores del canal de *#NRDE* bajen varias veces a -40. Esto solo representó, en su momento, una suerte de terrorismo virtual, el más vil *hackeo,* suponemos que un "desquite"... (este sí parece ser el verdadero y único poder de la gurú).

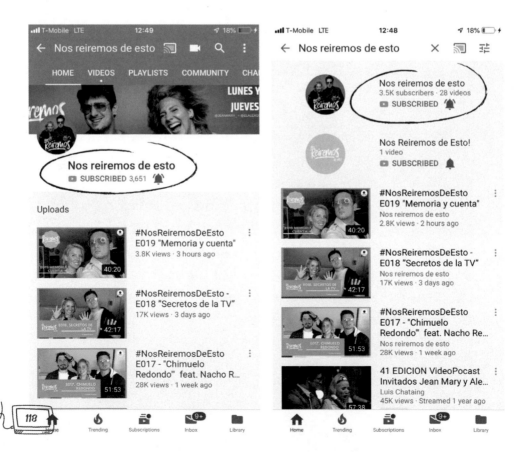

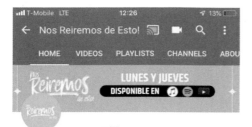

Y ya para cerrar el tema de las locuritas de gurusa, uno creería que después de tres años ella seguiría su vida tranquila, sin acordarse de la tía... pues NO. Porque resulta que gurusita le hizo "el favor" de comprarle el dominio para su *website*: jeanmarycurro.com —página que nunca prosperó en sus manos, oooobvio—. El factor cucú del asunto es que hasta el sol de hoy, que leen este libro, gurusita lo paga puntualmente cada año, sin permitir que JeanMa lo use. *#QueGanasDeJoder #FreeBritney&JeanMaryCurro.com*

En fin, no queremos conectarnos con esa energía chimba, así que mejor vamos a buscarle el lado positivo a toda esta historia...

¿Qué aprendimos?

Moraleja: ¡Coño, que hay que hablar y no dejarse envenenar por terceros!

En palabras de la tía: "entender que solo faltó que alguno levantara el teléfono para hablar y ninguno lo hizo, solo dejamos pasar los días y eso fue peor".

> Cuando tus más profundas tripas te hagan sentir una advertencia, hazles caso. Sigue tu intuición.
> #AutoayudaDoblada

Evidentemente, de esta historia se pueden sacar más aprendizajes, así que aquí les dejamos un espacio para que también compartan sus propias conclusiones.

_____

_____

_____

_____

_____

_____

_____

EL NOMBRE

Si estás aquí es porque eres un súper fan de los tíos y los quieres con amor del bueno, así que de seguro ya sabes de dónde viene el nombre del *podcast*.

Por "casualidades" de la vida, los tíos tenían la misma funda de almohada pavosa —y lo pongo entre comillas porque no creo en las casualidades—.

Después de cinco meses durmiendo en un colchón en el piso, el tío le escribe a la tía...

PENSAMIENTO DEL TÍO:

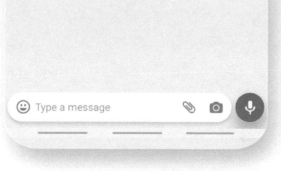

Algún día nos reiremos de esto...

¡TARÁN!

Esta es la génesis de nuestro podcast alcohólico de confianza, que arranca un 1ero. de noviembre de 2018.

AUTOAYUDA DOBLADA

Este gran dúo no se creó solo... no habría Alex y Jean Mary sin una Karen y un Ilan ("por detrás", sabes que lo pensaste), porque ellos han apoyado cada paso y han sido clave para el crecimiento de *#NRDE*.

Particularmente Karen, que siempre abogó por la reconciliación, fue quien les mostró **para qué** había llegado la gurú a sus vidas, más que el porqué, la idea es enfocarse en el para qué...

En palabras del tío Alen: "¿Sabes qué? Ahora le agradezco a la güebona esa. Esto nos unió más y nos hizo más fuertes. De hecho, no dejamos entrar a cualquiera, somos más cuidadosos y nos protegemos el uno al otro".

En palabras de la tía JeanMa: "Yo no la odio, no odio a nadie. Yo genuinamente le agradezco. Las inseguridades que yo sentía, los complejos, la poca valoración... no es que se fueron por completo, pero están debilitadas y creo que fue porque ella me hundió tanto y fue tan duro, que cuando te levantas, te das cuenta de que si pudiste con esto, puedes con todo. Me mostró mis peores sombras, y si no fuera por eso, no hubiese crecido".

Y ME GUSTARÍA AGREGAR ALGO MÁS QUE ME CONTÓ JEANMA:

"El asunto es que cuando caminas por el fuego, te quemas; pero también haces callo. Le pierdes el miedo a quemarte. Aprendes a fundir el vidrio para moldearlo a tu gusto. Te haces una lámpara hermosa, un florero único, un tubo largo y se lo metes por el rabo a esa miserable". (De manera **no** figurada, claro).

El reencuadre aquí (*@somoselretrovisor*) le mostró a Alex que gurusita vino a retarlo y a ponerlo donde él realmente quería estar —que por supuesto no era en *Capture It TV*—. Gracias a eso, él ahora está donde sí quiere: en un estudio propio, hecho a la medida, y creando buen contenido, a través de su canal, *@connectornow* en YouTube.

Sin olvidar que los patrocinantes llegaron a apoyarlos de manera fortuita; así como **@rondiplomatico** que, lejos de jalarle mecate en este libro, representa una de las mejores marcas de ron en el mundo. Y **@gng.boutique** que los viste con las prendas personalizadas más hermosas de la vida. Hasta ellos reciben amor de los fieles seguidores de los tíos.

Filosofía de los fans de #NRDE: Si los tíos aman algo, nosotros también (así de bellos somos).

Así que el cierre de este apartado
debe estar lleno de gratitud:

- Gracias, Karen
- Gracias, Ilan (el *realtor,* papá)
- Gracias, seguidores
- Gracias, Ron Diplomático y Gn'G Boutique
- Gracias, gurusita

Apartado 4

EVOLUCIÓN DEL PODCAST

Vamos a conocer un poco más sobre los tíos, pero antes, una pequeña trivia.

¿Qué tan fan eres?
No importa si eres de los peloncitos, clase media o de los billetúos, solo queremos saber si conoces la evolución cronológica de los estudios de *#NRDE*.

Enumera, desde el primero hasta el último,
los siguientes *sets* de grabación:

⟶ **JEAN MARY'S APARTMENT STUDIO ( )**

⟶ **NOXO STUDIOS ( )**

⟶ **CONNECTOR STUDIO / GARAGE DE ALE ( )**

⟶ **CUARTO DE ALEX ( )**

128

Si no hiciste trampa antes, aquí te van unas pistas:

El *podcast* comenzó en casa de Alex y para el segundo episodio ya tenían un estudio de grabación interesado en apoyarlos. Al cabo de dos meses de usar el tiempo y los equipos del estudio —sin pagar absolutamente nada—, de mutuo acuerdo y antes de que la relación dejara de ser amistosa, decidieron irse. Para aquella época, la tía había vendido su carro y trasladarse, incluso para grabar, se hacía cada día más difícil. El tío, en su capacidad de resolver sobre la marcha y huirle al drama, dijo: "lo hacemos en tu casa, nena".

El primer día que graban, JeanMa recibe a Alex con un trago. De allí que estuvieran tomando mientras grababan. Jamás imaginaron que gracias a eso tendrían el patrocinio de Ron Diplomático. Así que la evolución también se da cuando llega la bebida espirituosa y el guaguancó de Patreon. Con esa primera ganancia, se toma la decisión administrativa de invertir en unos buenos micrófonos para sumarle calidad al *podcast* —cosa que valió demasiado la pena, porque el nivel sube, sube y sigue subiendo—.

ÁLBUM DE LA EVOLUCIÓN DE LOS ESTUDIOS:

Otra decisión maravillosa: girar con el Stand Up.

Como ahora son más conocidos, los tíos pueden visitar Buenos Aires, Santiago de Chile y Montevideo con funciones a casa llena. Es más, como anécdota curiosa, los tíos me cuentan que la primera función en Argentina fue *sold out* en apenas tres horas, por lo que tuvieron que abrir una segunda, tercera y hasta cuarta función, todas agotadas también. En serio, fue una total sorpresa para ellos, incluso me atrevo a decir que al sol de hoy no se lo creen; porque si algo tienen los tíos, es que no dan por sentado todo lo que han alcanzado.

Esta primera gira en el sur fue una ola de amor para ellos, la validación de su trabajo y el resultado de su esfuerzo. Fue sentir que todo había valido la pena, una sensación que te da como ese fresquito en el pecho y esas ganas de seguir, de querer más...

Para entonces, entran en juego expresiones que se hicieron populares como "piiiiiiiro" y "se shegó", —así como muchas otras— que los fans solemos decir frente a la compu o en el carro, o coreado con miles de personas más en una función.

Lo siguiente, definitivamente, fue seguir creciendo: gira por Europa y ocho funciones en ciudades que jamás imaginaron, como Bruselas y Estocolmo —coño, es que los venezolanos estamos en todos lados—. (¿Ya mencionamos f@#&ing Dubai?) Todo esto hizo mucha bulla, buena publicidad, pero pocas ganancias. Sin embargo, era apenas el comienzo de todo lo que vendría y jamás se perdió el foco. También se giró por Estados Unidos y otras ciudades de Latinoamérica como Quito —desde donde escribe esta humilde paquiderma— y Guayaquil. De hecho, Ecuador fue el último país que visitaron antes del confinamiento por *#Covid19*, realidad que los mantiene apartados de las tarimas, con una gira pendiente por todo USA, que este 2021 retomarán.

ÁLBUM
GIRAS DE
#NRDE

ASIA

Dubai

Bruselas

EUROPA
EUROPA
EURO
EURO
EURO
EURO
EURO
EURO
EURO
EURO
EURO

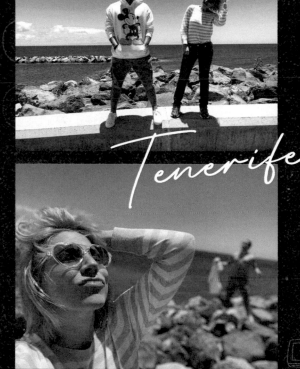

Madrid

Tenerife

Estocolmo

EUROPA

EU
EU
EU
EU
EU
EU
EU

Londres

Buenos Aires

Medellín

Guayaquil

LATINOAMÉRICA

Quito

Panamá

Lima

Montevideo

LATINOAMÉRICA

LATINOAMÉRICA
LATINOAMÉRICA
LATINOAMÉRICA
LATINOAMÉRICA
LATINOAMÉRICA
LATINOAMÉRICA
LATINOAMÉRICA
LATINOAMÉRICA
LATINOAMÉRICA

Santiago

Boston

Chicago

Texas

Washington DC

158

Nueva York

El resto de la historia se cuenta sola. Tres temporadas (hasta ahora, junio 2021) y una larga lista de invitados (tan larga como la *#Pajalaaarga*).

Y aquí les lanzamos otra trivia, solo para verdaderos fanáticos.

Encierra en un círculo cuál de estos **NO** ha estado como invitado en *#NRDE.*

✳ **LA VERO GÓMEZ**   ✳ **LUISITO COMUNICA**

✳ **DANIELA DI GIACOMO**

✳ **HENRIQUE LAZO**   ✳ **ORIANA SABATINI**

✳ **MICHELLE DERNERSISSIAN**

✳ **CHEO PARDO**   ✳ **LA NADIA MARÍA**

✳ **PASTOR OVIEDO**

✳ HENRY CUICAS   **✳GUSTAVO AGUADO**

✳ LASSO

✳ OSMEL SOUSA

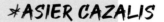 **✳OSCAR D' LEÓN**

✳ASIER CAZALIS

✳ WALTER MERCADO

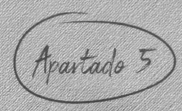

Apartado 5

EL VERDADERO VALOR DE LA AMISTAD

**El tío describe
a la tía en 3 palabras:**

Ocurrente

Intensa

Cómica

(Una ñapa:
inmamable)

164

La tía describe al tío en 3 palabras:

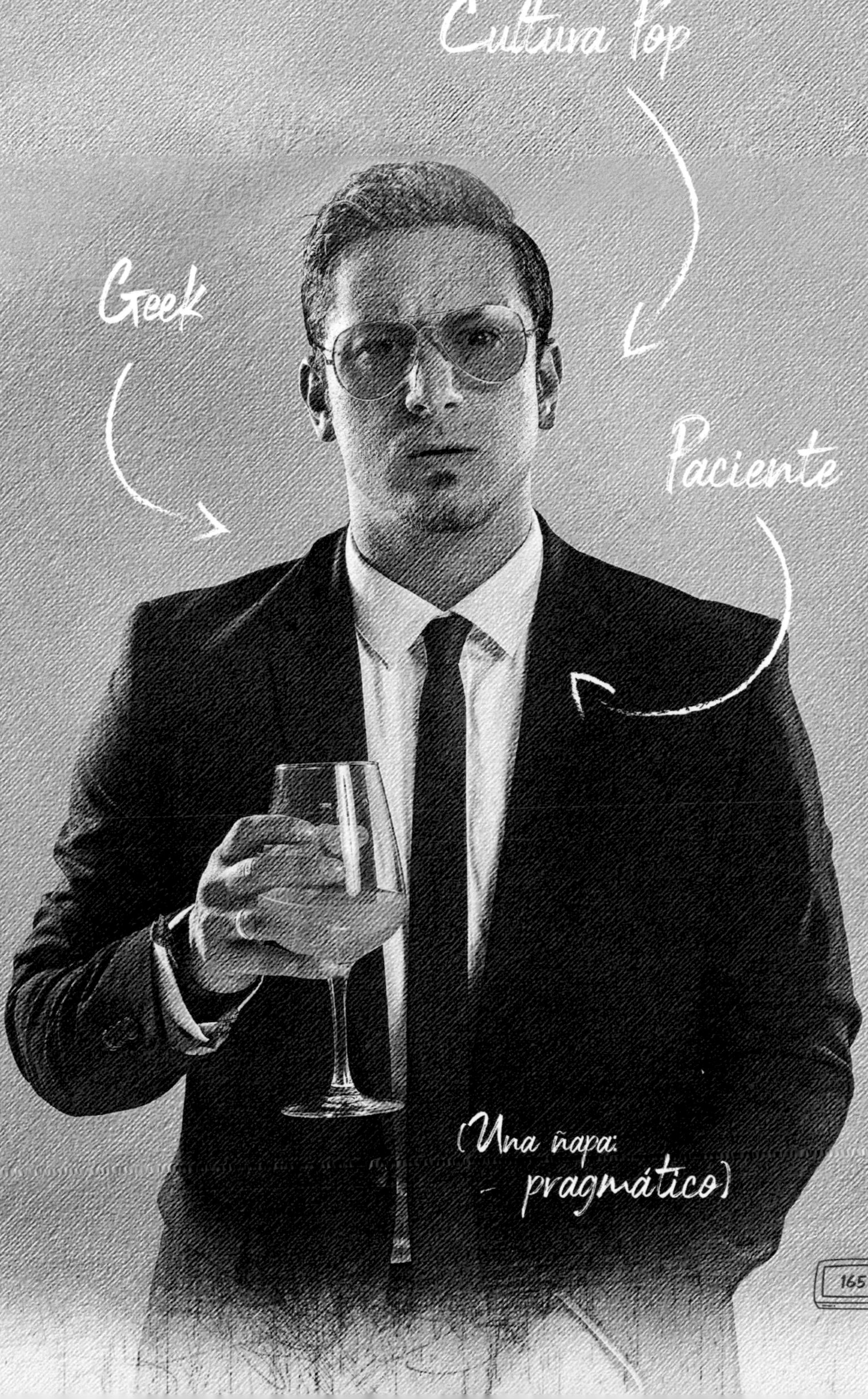

Lo que más rescatan los tíos de haberse lanzado
en esta aventura, sin garantías:

La independencia en los procesos

La libertad sobre el contenido

Ser sus propios jefes (pregúntales cómo, ja ja ja)

Chinese

DATOS CURIOSOS

* Premisa: en *#NRDE* no hacemos entrevistas, sino conversamos

* Si discuten, ¿quién da el primer paso para resolverlo? Alex dice que él. Jean Mary dice que ella

* Ley impuesta por la tía: no meter a una tercera persona en el *podcast*

* Ley impuesta por el tío: no estar molestos por más de 15 minutos. En sus propias palabras: "no podemos pelear por cualquier vaina, después de que pasamos por lo que pasamos."

* ¿Desacuerdos? Contados con una sola mano

* Jamás se han subido molestos a una tarima. (Incluso en aquel primer *show* en Chile, se abrazaron antes de empezar)

* Ritual antes de comenzar: brindar con un trago en la mano + abrazo + frase de Alex: "de dónde venimos" y Jean Mary responde: "y a dónde vamos"

* Las cuñas salen en *one take*

✶ En cada ciudad se incluyen chistes sobre el lugar, se improvisa en un 20%

✶ ¿Qué suele pasar en *backstage*? Los tíos se cagan de la risa con las rutinas del otro, aunque ya se sepan los chistes de memoria (¿no son una cuchura?)

✶ Ley de Murphy: cuando el *show* queda brutal, nadie lo graba

✶ ¿Caprichos de camerino? Solo buen alcohol, aceitunas y maní

✶ El orden del *stand up:* JeanMa pidió salir primero. El final de la rutina de Alex, cuando bailan juntos, quedó perfecto como cierre de la función. (Otro dato curioso: ambos crearon sus rutinas por separado, pero ambas funcionan deliciosamente bien en un mismo *show*)

✶ Hay fans muy fans que se tatúan el logo de *#NRDE* (nota mental: no modificar el logo... *oops!,* mejor dicho, no volver a hacerlo)

✶ El peor *show*: aquel donde nadie se ríe... no ha pasado aún, pero un amigo les contó que es burda de chimbo

✶ Les pregunté directo y de frente, pero la respuesta fue contundente: **no**. Nunca consideraron ser *swingers* (a Alex no le gustan los calvos)

Stop para brindar con Ron Diplomático, usando diseños de GnG Boutique

(PUBLICIDAD QUE TE METEMOS DOBLADA, SIN QUE TE DES CUENTA).

⟶

¿QUÉ TANTO SE CONOCEN LOS TÍOS ENTRE ELLOS?

Preguntas y respuestas que le hicimos primero a la tía JeanMa, para ver cuánto conoce a Alen.

1

Nombra tres cosas que no pueden faltar en la maleta de Alex cuando viaja.

Repuesta de J.M.: Zapatos deportivos (más zapatos de los que va a usar y además se compra otros en el viaje), una gorra y un suéter con capucha.
Respuesta correcta: Lentes, cargador y zapatos.

2

Si Alex tuviese que renunciar PARA SIEMPRE a alguna de estas dos cosas: su colección completa de discos de vinilo o usar lentes, ¿cuál sería?

Respuesta de J.M.: ¡Lentes!
Respuesta correcta: a la colección de discos.

3

¿Cuál es el placer más culposo de Alex?

Respuesta de J.M.: ver porno con subtítulos.
Respuesta correcta: ver videos de Katie Angel.

4 Si Alex tuviera que escoger una única comida para toda la vida, ¿cuál sería?

Respuesta de J.M.: tacos al pastor o hamburguesa...
Respuesta correcta: hamburguesa.

5 ¿En cuál *late night* desearía estar Alex como público?

Respuesta de J.M.: El *Show* de Oprah.
Respuesta correcta: Conan O'Brien.

¿Qué tal le fue a la tía?

Ahora vamos con Alex.

1 Nombra cuatro animales que haya rescatado la tía que **NO** sean perros o gatos.

Respuesta de Alex: iguana, murciélago, ardilla y ratón
(esta respuesta se considera correcta, pues la tía no se acordaba de la iguana).
Respuesta correcta: ardillas, búho, murciélago y pajaritos.

2 ¿Color favorito de JeanMa?

Respuesta de Alex: verde.
Respuesta correcta: azul aguamarina.

3 Si la tía pudiera escoger entre tener buena memoria o nalgas, ¿qué preferiría?

Respuesta de Alex: nalgas.
Respuesta correcta: nalgas.

4 Si JeanMa fuese presidenta de algún país, ¿cuál sería su primer decreto?

Respuesta de Alex: obviamente tiene que ser eliminar a la humanidad y dejar vivos únicamente a los animales.
Respuesta correcta: que les corten el pene a todos los violadores para que no reincidan.

5 ¿Cuántas plantas tiene la tía en su casa?

Respuesta de Alex: ¡Bestia! ¿100? Bueno, digamos que 30.
Respuesta correcta: ja ja ja, no importa. Ni ella sabe, y seguro hoy compró otra más.

¿QUIÉN CONOCE MÁS AL OTRO?

Vamos a ponerlos a prueba una vez más. Hagamos una ronda de "verdadero o falso" para los tíos.

Alex responde sobre JeanMa:

1. Cuando JeanMa era adolescente le gustaba escuchar Menudo:

Verdadero   **Falso**

X

2. Cuando la tía era pequeña tenía una amiga imaginaria llamada "Fantasma".

Verdadero   **Falso**

X

3. Cuando salen de gira, JeanMa apoya una silla en la puerta de su habitación del hotel como medida extra de seguridad, antes de dormir.

Verdadero   **Falso**

 ✓

4. JeanMa suele olvidar su cargador del teléfono cuando salen del hotel.

Verdadero   **Falso**

 ✗

5. La tía podría cenar sopa todas las noches de su vida.

Verdadero   **Falso**

 ✓

Jean Mary responde sobre Alex:

1. El disco más costoso que tiene es de S&M 2 de Metallica.

Verdadero   **Falso**

 ✓

2. Cuando animaba fiestas, usaba pelucas.

Verdadero   **Falso**

 X

3. Un talento oculto del tío es hacer trenzas de cabello.

Verdadero   **Falso**

 ✓

4. Su banda favorita es Limp Bizkit.

Verdadero   **Falso**

 ✓

5. Lloró viendo a The Rolling Stones.

Verdadero   **Falso**

 ✔

TÍO ALEN:
4 PUNTOS

TÍA JEANMA:
5 PUNTOS

Aunque pensándolo bien, mejor les hacemos preguntas a ustedes que son los más fieles fanáticos de los tíos, y así cerramos con broche de oro esta parte de trivias.

Encierra en un círculo la letra de la respuesta correcta.

1. La tía JeanMa perdió las nalgas por culpa de:

A) Haber rebajado mucho al meterse a vegana
B) Pasar demasiado tiempo sentada en el tráfico
C) Una cirugía reductora de glúteos que se salió de control
D) No se puede perder lo que nunca fue tuyo, chamita
E) En otra vida sí tuvo altas nalgas

2. Un talento oculto de JeanMa es mover cada lola independiente de la otra:

A) Verdadero
B) Falso

3. Cuando JeanMa era chiquita quería tener el súper poder de:

A) Hablar con los animales
B) Ser una sirena
C) Pintar paredes y arreglar calles con la mirada
D) Hacer que la profesora de matemáticas se enfermara los días de examen
E) Todas las anteriores

4. Cuando viajan, JeanMa obliga a Alex a:

A) Comer vegano

B) Usar zapatos dentro del avión

C) ¿Tú eres loco, Ramón? No lo obliga a nada

D) Fumar marihuana

E) Llamar por cámara a Conan

5. La tía duerme con:

A) Pijama sexy

B) Férula dental

C) Medias

D) Maquillada

E) Un peluche de ardilla

6. El #WeboGate es:

A) Una serie de TV de los 90

B) Una etiqueta en redes sociales para denunciar

C) Un club nocturno

D) Un atributo especial del tío Alex

E) La próxima película de La Roca

7. Alex conoció a su esposa Karen:

A) En una fiesta en Valencia
B) En la radio haciendo un programa
C) La vio por TV y le chanceó por Facebook
D) Comprando cachitos como buenos portus
E) Sus padres arreglaron el matrimonio

8. De estas colecciones de Alex, ¿cuál es la más grande?:

A) Zapatos
B) Discos de vinilo
C) Entradas a conciertos
D) Funko Pops
E) Lentes sin fórmula

9. La serie favorita del tío Alex es *Friends:*

A) Verdadero
B) Falso

10. El sueño del tío Alex es:
A) Que muera el chavismo
B) Viajar por el mundo entero
C) Ser siempre su propio jefe
D) Comer hamburguesas todos los días y no engordar
E) Todas las anteriores

Si quieren saber cuántas pegaron, corran a la última parte del libro y revisen todas las respuestas correctas (página 244).

Por cierto, como los tíos tienen los mejores fans, aquí les dejamos una compilación de fotos…

RUTIN
RUTIN

DEL TÍO
ALEX

ALEX ALEX
ALEX ALEX
ALEX ALEX
ALEX ALEX
ALEX ALEX
ALEX ALEX

Alex Goncalves

NRDE: ¡El libro del podcast del stand up con el mismo nombre!

Hola, mi nombre es Alex Goncalves. Capaz me reconozcan por el programa de TV: *12 Corazones* y *¡por eso los odio a todos!*

Llevo presentándome con esta frase desde 2014 y el chiste siempre funciona, en parte se lo debo a Troy McClure, el eterno actor venido a menos de *Los Simpson,* que siempre se presentaba de esta manera. Y bueno, aquí estamos en un libro, ¿qué tal? Venezuela no se rinde, amigos, ¿qué podría ser peor?

Lo que sí voy a hacer es aprovechar esta oportunidad para aclarar ciertos puntos sobre mi vida.

Primer punto: ¡YO NO SOY CARAQUEÑO! Soy de #*Maracay.* Una ciudad que ha crecido muchísimo: en polleras y caucheras... y enchufados, ¡uff, cantidad! De Maracay han salido un montón de figuras muy importantes para los venezolanos como los peloteros David Concepción y Miguel Cabrera; el futbolista Juan Arango; la animadora Daniela Kosán, Alicia Macha... nop, preferimos hacernos los locos con Alicia. Hacemos igual con Pastor Maldonado —yo digo que ese carajo es de La Victoria—.

En Maracay nací y crecí, fui el vocalista de una banda de rock alternativo cuando tenía 16 años. La banda se llamaba *Eutanasia*. Recuerdo que queríamos un nombre que sonara intimidante y que fuese parecido a *Nirvana*. Eso sí, no teníamos ni idea de lo que significaba —de hecho, buena parte de la banda pensaba que así se le decía a la marihuana—. *#Tarados*

De cantar en una banda, pasé a ser animador de una miniteca y luego locutor de radio. Me gustaba entretener desde chamo, tenía mucha energía y poca vergüenza. De hecho, me iba bien, con la miniteca coronaba con las chicas que iban a las fiestas y con la radio iba gratis a los conciertos. En el 2002, me mudé a Valencia, una ciudad muy amable y que en esos años estaba de lo mejor. **Además, a los maracayeros nos va del carajo en Valencia con las mujeres porque *#Estereotipos*.**

De repente, se me atravesó en la vida una promoción en televisión que decía: "Venevisión busca animador", y yo: ¿Cómo es la vaina? ¿Por qué VV estará buscando un animador, con tanta gente que tienen en ese canal?"

Unos panas, que también animaban conmigo en las fiestas, me convencieron de participar y dije: "voy a ir para salvar a la TV de Daniel Sarcos y Samir Bazzi". Y fíjate que no tenía nada contra ellos, pero uno a los 23 años, ¿qué es lo que sabe hacer? Odiar de gratis. ¡Y fui! Y terminé en una especie de *Reality Show,* en el mismísimo *Súper Sábado Sensacional,* justo al lado de Daniel Sarcos.

Los jurados del concurso eran el comediante y presentador, Wilmer Ramírez, el animador y cantante, Daniel Somaró, y la mismísima MAITE DELGADO. Y aunque ellos daban sus opiniones sobre los participantes, era el público el encargado de elegir al ganador, por mensajería de texto.

¡Y fue así como el pueblo votó por mí! Y me convertí en el animador del tan mentado 12 CORAZONES.

Para el que no recuerde o no sepa de qué se trataba *12 Corazones*, pues era un programa de citas a donde iban 12 participantes —cada uno representando a su signo zodiacal— y se conocían por primera vez en TV nacional; si se gustaban, se caían a besos y bailaban reguetón. Básicamente yo era **TINDER EN 2004.**

Y bueno, me volví famoso. Muchas cosas cambian cuando te vuelves popular, con el programa más visto en el canal de TV más importante de tu país. Primero, ¡dejé de ser feo! Increíble el poder de la pantalla: les encanta un carajo famoso. No podía pasear por algún centro comercial, o ir a una discoteca, porque me gritaban: "¡¡¡Alex!!!! ¡¡¡Sí hay corazón!!!". Y yo: "bueno, mamita, vámonos. ¿Y tu prima, también? ¡Que se venga! Con mucho gusto".

Sin temor a exagerar, yo fui tan popular
en Venezuela como lo fueron
Servando y Florentino
—pero solo como por nueve o diez meses—.
Y así iba yo feliz, PIIIIIRO,
llegó el primer gran cambio de mi vida:

¡MUDARME A CARACAS!

Al trabajar en VV tenía que vivir en la capital, y a uno le cuesta esa movida porque se le tiene una arrechera histórica a los caraqueños... ¡Porque son unos **mamagüebos** y lo saben! Viven sacándote en cara que tiene el Ávila y que es hermoso, que desde siempre tuvieron Metro y la infame frase de: "Caracas es Caracas y lo demás es monte y culebra".

El asunto, amigo caraqueño, es que los que no somos de allá —y por culpa de la centralización de todos nuestros anteriores gobiernos de mierda—, para poder procesar cualquier papelito, diligencia, visa o pasaporte... tenemos que ir "¡Pa' Caracas!". Y coño, uno no quiere ir para allá. Esa ciudad es peligrosa, está sucia y además mal señalizada. Uno se va por la autopista, sabe que en alguna salida tienes que bajar hacia Bello Monte, pero te la pasas, sigues derecho y terminas violado en Maripérez y no sabes cómo.

Pero, amigo caraqueño, no se me moleste. Y sí, lo sé... yo que viví allá por más de 15 años, es verdad: uno le termina agarrando cariño a la puta esa. Terminas en una relación amor/odio con Caracas. Es como enamorarse de una mujer que está divina pero es **periquera,** ¿saben? Hermosa pero loca, intensa y violenta. De esas que tus amigos te advierten que no te empates: "bro, esa jeva está loca e' bola".

Pero no, uno ahí todo empepado, dice: "¡No, ella no es así! Ya verán, conmigo va a cambiar, yo la voy a rehabilitar. Vamos, Caracas". Y sales un sábado por la mañana con Caracas, con ese cielo azul perfecto y sus guacamayas, con ese clima ideal, cero tráfico en la autopista, Caracas calmada, suavecita. Te lanzas un *brunch* en el Hatillo, luego a pasear por los Palos Grandes, te compras un raspado en la Plaza Altamira; el domingo cierran la Cota Mil y terminas patinando todo marico en la Cota. ¡Caracas perfecta, mano! **La ves a los ojos y le dices: "¿Viste, Caracas, que sí se puede?"**

¡P**IIIIIIIRO!** Caracas es periquera y el lunes a las 6:00 a.m. se mete seis pases "snif-snif", y esa mierda se vuelve loca: se le desborda el Guaire con un palo de agua bíblico que colapsa Las Mercedes, te pasan mil carajos en motos —echando tiros al aire, porque se te atravesó un funeral de un malandro—, después una guarimba te tranca la urbanización, se va la luz, se cae el Internet. ¡Una locuraaaaaa!

Y uno queda todo loco, gritándole: "¡Ya! ¡¡¡Cálmate, jeva!!!". Y ahí te ve Caracas, toda sobrada —porque ella es la capital—, preguntándote: "ajá, ¿y? ¿Qué vas a hacer? ¿Te vas a devolver con la marihuanera de Maracay? O peor aún, ¿te quieres ir a vivir con las cachaperas de Guarenas-Guatire? Que como ya tienen un Farmatodo y un solo cine, se creen que son una ciudad...

NO LO SON".

Y coño, yo le digo que no se meta con las pobres de Guarenas-Guatire —para mí ellas son como unas siamesas enfermitas—. Uno nunca puede decir solo: "voy a Guarenas", porque Guatire se pega por detrás: "¡Suelta, Guatire... sale!".

Entonces, muchachos, así es Caracas. Como una jeva hermosa pero intensa, como... SASCHA FITNESS.

¡Sí, lo dije! Y ya no pueden devolver este libro.

No se equivoquen, AMO a Sascha, ella es increíble. Pero, ¿recuerdan cuando justamente empezaba a ser popular? En cuanta red social aparecía Sascha, nos recordaba que había que tomar tres litros de agua al día, que las almendras esto, que la quinua aquello. ¡La quinua! Yo no conocía a esa mujer. ¡Yo era feliz comiendo arroz y pasta!

Llegó Sascha a nuestras vidas y se jodieron para siempre nuestras fiestas infantiles. **PARA SIEMPRE.** Ahora cada vez que voy a una fiesta infantil de algún niño —que conozco, obviamente; no soy un bicho raro que se mete en fiestas de niños ajenos—, (qué rara esta parte del cuento), en fin, te reciben estas mamás modernas con: "en esta mesa tenemos unos *cupcakes* sin azúcar, tenemos unos *chips* de yuca sin gluten ni colorantes y Teresa hizo estos *brownies* de lentejas".

¿PERO QUÉ MIERDA ES ESTA?

¡Dónde están los Doritos, los Cheese Tris, la ración de torta con quesillo y gelatina? ¡Dónde coño están los refrescos de colores que terminan en "ITA"? ¡Uvita, piñita, manzanita y FRESCOLITA?"

"Mmm, no. Tenemos aguas saborizadas de pepino y kiwi". Esto es una **desgracia** para todas esas generaciones que fueron alimentadas a punta de pan canilla con Diablitos y Cheese Wiz. A nosotros nos mandaban para el colegio, a las seis de la mañana, con una arepa frita con mantequilla y mortadela en la barriga:

> — Epa, y se toma este frappé de Toddy con malta, que lo veo desganado.

Y aquí estamos, todos gordos y diabéticos, pero felices.

Volviendo a mi historia, después de *12 Corazones:*

- Seguí trabajando en la radio y en la TV
- Estuve en el programa *Atómico* —odié esa mierda—
- Luego, en un programa llamado *El que sabe, sabe*

- Entré en La Mega 107.3 FM, donde hice *La Ruleta, Papelón con Limón, El Conector, Apaga la Tele* y, finalmente, *Calma Pueblo*
- En TV hice cosas como el *morning show, Lo que ellas quieren,* y algunas cosas para *E! Entertainment*
- Hasta que llegué a *Chataing TV.* Ahí fui uno de los reporteros, desde 2012 hasta 2014, cuando la dictadura del gordo maldito presionó al canal Televen para que nos sacaran del aire

Cuando esto ocurre, hacemos la gira de despedida, *Fuera del Aire,* que luego se convierte en un documental y un libro. Solo nos faltó hacer *Chataing On Ice.*

Y sí, me casé, desde 2013 estoy felizmente casado con Karen Ferreira. Ella está feliz por ser mi primera esposa... (a ella no le gusta mucho este chiste). Y repito que estoy "felizmente casado", **porque eso es lo que tiene que decir, SIEMPRE, un casado; sobre todo si lo va a escribir en un libro.**

Karen, al igual que yo, es de familia portuguesa, así que sufrimos el mismo *bullying* de ser el/la "portu" del salón. Tooooodo salón de clase venezolano tiene su niño/niña "portu"; eso va en la Constitución Bolivariana de Venezuela. Y como buen estereotipo, la gente pensaba que mi familia tenía panaderías y ¡NO! Teníamos un abasto... sé que es casi lo mismo, pero me arrechaba que me llamaran "panadero", o que me pidieran que pusiera el pan canilla a la hora de hacer una choripanada. ¡Pues no! ¡Yo llevo es hielo!

En 2015, mi querida esposa y yo decidimos que era momento de emigrar. En nuestro país ya no teníamos las condiciones para seguir trabajando con libertad, y la crisis se agudizaba cada día más.

Decidimos irnos a la Ciudad de Panamá, que, fuera de chiste y broma, se nos hacía una ciudad amable por lo parecida a Venezuela, en muchos aspectos. Y, obvio, es una de las ciudades con más compatriotas. Me ofrecieron un programa en las tardes, en la emisora W Radio 94.5 FM, que luego cambiaron para las mañanas con *Los 40 Principales*. Era una muy buena oferta, pero lamentablemente se quedó en el aire. Al caerse la propuesta en Panamá, tomamos la decisión de regresar a Venezuela, en el 2016, y prepararnos para venirnos a Miami.

Estar casado es simplemente lo mejor, y lo digo en serio: cero preocupaciones por la próxima conquista, se acabaron esos sudores fríos a la hora de un rechazo y lo mejor es que no tengo nada que ver con *Apps* de citas.

Sin embargo, sí hay cosas de la vida de casado que me tomaron por sorpresa. Como, por ejemplo, hacer compras en el mercado. Eso más nunca fue igual: coño, porque... ¿cómo era hacer mercado de soltero? Cuando recordaba que tenía que comer iba **CINCO MINUTOS** al supermercado más cercano y agarraba jamón, queso, pan de sánduche, unos *froot loops,* seis cervezas y ¡chao! Eso era todo.

En cambio, el mercado de una gente casada es una experiencia totalmente diferente. Primero: esa actividad tiene su día al mes, agendado en tu *Google Calendar.* Luego, no se va a uno... no, no, no... se va como a tres supermercados diferentes, porque: "en aquel las verduras son más sanas y bonitas; en el otro la carne, y el último —el Costco— pa' comprar las vainas gigantes".

Los esposos vamos guindados del carrito, pasillo por pasillo, en silencio. Y luego, el momento de terror: cuando te quieren mandar a buscar una vaina rara como cilantro o, peor, ¡un OCUMO! "Coño, vale yo no emigré a USA para comer Ocumo". Primero: ¿Cómo es el ocumo? Segundo: ¿Cómo sé que ese ocumo está bueno? Y tercero: ¿Cómo se dice "ocumo" en inglés? **¿Ocumeichon?**

> El ocumo y ñame son horribles, a esa gente siempre la ando esquivando en las sopas: "quítese... quítese".

Otra vaina que cambia en la vida de casados: las reuniones. Nosotros, la gente casada, no salimos pa' bares o discotecas... no, no, no. A nosotros nos invitan a reuniones en casa de otra gente, y casi siempre uno medio conoce a los que van. Porque te invitan los amigos del trabajo, pero ellos también invitan a sus primos o vecinos, y el inicio de esa reunión siempre es raro. Uno llega todo incómodo — con sus pantalones de color caqui de reunión de casados—, medio saluda a esa gente y ahí estás...

Y una vaina que siempre odio de esas reuniones: las mujeres, en un punto, deciden irse pa' la sala a hablar de güebonadas de mujeres, y me mandan a mí a hablar con los maridos de las demás... como si uno fuera un carajito:

> — Vaya para el patio a hablar con los muchachos.
> — Pero si yo no los conozco.
> — Vaya, chico, y les ayuda con la parrilla.

Y ahí va uno... acercándose a la parrillera para hacer comentarios incómodos y obvios: "¿Y vas a hacer carne?", "yo se la compro a unos cubanos", "coño, qué bolas Cristiano, ¿no?".

¡Uno queda como un pendejo!

Emigrar es un proceso raro, creo que nadie está preparado. Yo amo conocer y ubicarme en otros lugares distintos al mío. Pero, queridos amigos, el comunismo deja huellas en uno; porque cuando te crees preparado y una persona de mundo, aparecen pequeños detalles que te dejan como un mortal ignorante.

A ver, les explico: tecnológicamente, Venezuela fue punta de lanza por muchos años en el continente; se estrenaban los autos último modelo, se hacían lanzamientos del teléfono celular de la temporada y nuestros medios producían contenido que era muy famoso en el resto del mundo.

Pero el chavismo llegó y acabó con todo. Fuimos perdiendo marcas, el país se volvió inestable, la economía una mierda, y de paso nos dejaron con el peor Internet del continente. Entonces, cuando uno sale del país y se reencuentra con la tecnología, pasa por un proceso doloroso y hasta vergonzoso.

Por ejemplo, antes de volar a Miami, mi suegro me entrega un cheque en un sobre, en el aeropuerto, y me dice: "yerno, me hace el favor y cuando pueda me deposita este cheque en mi cuenta", y yo: "¡cómo no, suegro, cuente con eso!". Nos despedimos, agarro a mi perro, mis dos maletas, y me voy con mi esposa a Miami. Llegando, compramos una pizarra y anotamos todas las diligencias que teníamos que hacer: alquilar apartamento, comprar un carrito, abrir unas cuentas en el banco, visitar al abogado, ir al *show* de George Harris... vainas que hay que hacer en Miami.

Esa semana, unos primos de Karen nos invitan a cenar para recibirnos. Cenamos, todo rico, y de repente veo la hora y exclamo... —¿Exclamo? ¡Qué marico!—. "Oye, nos tenemos que ir porque mañana temprano debo ir al banco a depositarle este cheque a mi suegro". El primo me ve a mí, ve el cheque, me lo quita de la mano, me quita el iPhone, abre la *App* del banco, le toma la foto y ¡LO DEPOSITA!

Y yo y que: "¿quééééé? ¿Quéjesto? ¿Qué clase de brujería es esa? *¡DEPOSITADUM LEVIOSA!*"

Claro, todo eso en mi cabeza, pero me hago el güebón y actúo como que sí sabía del asunto: "claaaro, la *App*, ¡de bolas! Es que igual tenía que ir al banco para conocer a... a la cajera, pues. Le compré un Miramar y todo". *#TercerMundo*

Coño, eso no lo teníamos en Venezuela. Para depositar un cheque en el banco, debías agarrarte tooooodo el día, porque uno nunca sabía qué podía pasar. Uno llegaba a Banesco ya arrecho, preguntando si había línea o no había línea —que nunca supe qué coño era la línea esa, pero sin línea no hay banco—. Después, hacer la cola larga y lenta. Para colmo, venía el guachimán a venderte un ticket con un número pa' que pasaras de primero... afuera unos abuelitos arrechos por la pensión... ¡Coño, y no me hagan hablar de la época de Cadivi porque termino quemando este libro!

¡Todo mal!

Miren, uno de los grandes choques culturales que tuve aquí fue ponerle gasolina al carro. Y una vez más, les explico: en nuestro querido país tropical, cuando podías echar gasolina sin problemas, ibas a la bomba de servicio, parabas tu carro y llegaba un sujeto (a quien cariñosamente llamamos "el bombero"); ese señor se encargaba de llenarte el tanque de gasolina, y luego te pasaba una mopa —más sucia que limpia— por el parabrisas, si así tú lo deseabas. **Todo esto sin que te bajaras del carro.**

Aquí en EEUU la cosa no es así. La primera vez que voy a poner gasolina, llego yo, todo #veneco, y paro mi carro al lado del surtidor y espero... espero... veo pa' un lado, para el otro y empiezo a notar que cada quien se baja y pone su gasolina. Coño, me bajo y ajá... tarjeta de débito, clave ****. "No quiero carwash hoy", "elija su gasolina". Oooobviamente, uno está mamando y loco, así que pura gasolina de 87, la barata. Y ahí estoy yo, amigos, echando la gasolina, yo solito, orgulloso. Coño, pero yo veía que había una gente que ponía a llenar el tanque, dejaba esa vaina sola y se iba a comprar cositas en la tienda. Y yo pensaba: "¿Cómo?".

¡Dos semana después vine a descubrir el pestillo ese que hace que la manguera eche gasolina sola! *#Cagándola.*

Estos cambios culturales y generacionales te dan ese golpecito de realidad y humildad. Está bien ignorar cosas como las coreografías de 1.698 canciones en Tik Tok, o abrir el *AirDrop* de un iPhone.

También hay algo a tomar en cuenta de mi generación, la de 1980. Según leí por ahí, yo entro en un *gap* generacional entre la generación X y los *Millennials* llamada: Los **Xennials.**

Somos la microgeneración de personas en la cúspide de las cohortes demográficas de la generación X y de la generación milénica. Los investigadores y los medios de comunicación utilizan los años de nacimiento de finales de los 70 y principios y mediados de los 80 como su rango de definición. Se describe a los *xennials* como aquellos que han tenido una infancia analógica y una adultez digital. **Esta última parte NO la copié de Wikipedia... ¡Bueno, sí!**

Entonces, a mi generación se le hace sencilla la adaptación a lo nuevo:

- Yo te conozco los videojuegos desde las maquinitas, Atari, Intelivision, Nintendo, Sega, Neo Geo, CyberCafe, GameBoy, Tamagotchi, SuperNintendo, Nintendo 64, Wii, Wii U, Twitch, *and Beyond!*

- Yo te conozco la música desde el tocadiscos, casete, casete grabado de la radio, CD, hasta el MP3 —sin carátulas y con nombres como: _Genitallica.mp3/ SerUnGenital.http//quemaditosmix#—. Vi nacer el iPod, el iPod Video, el iPod nano, iPod shuffle, el Zune de Microsoft (ja ja ja, pobre gente), el iPhone, eMule, Kazaa, Napster, el video reproductor de Windows, iTunes, Spotify y ahora, ¡el tocadiscos, otra vez!

- Yo conocí el porno en revistas, Betamax, VHS, canal de cable bloqueado, CD Room, DVD, Internet, BB Pin, Streaming, Telegram, *and Beyond!*

Esto **no** me hace ser un mal pegado, un tipo que vive de la nostalgia. No te lo soy.

Aunque conozco el poder de la nostalgia cuando el *podcast* se va por allá, que es casi siempre: a la gente le encanta recordar tiempos mejores, sobre todo a los venezolanos. **Pero… pilas: alerta de foso. Mejor dejo esto hasta acá.**

Creo que mi parte quedó mucho mejor que la de Jean Mary. No la he leído, pero seguro son 183 páginas hablando de un perro muerto, una iguana rescatada… ja ja ja.

Pero antes de terminar, quería dejarles una historia que me acompañó en mi gira *#ConTodoRespeto.* Lamentablemente, esa gira nunca la grabé, así que lo que leerán a continuación había quedado perdido, hasta ahora.

Les quiero contar, por última vez, ¡la historia de mi despedida de soltero! De hecho, la conseguí en mis archivos tal como la escribí por primera vez, y en un acto de absoluta flojera, se las copio y pego aquí:

Mi despedida de soltero fue muy divertida. Fue el fin de una era, que no es lo mismo que Delfín lo que era. *#Chistazo*

Es un día muy importante para el hombre. Así como ellas pasan toda su vida soñando con el vestido y la iglesia, uno sueña con las nalgas de la stripper. Y es que no nos vamos a engañar: eso es lo que pasa en una despedida de soltero.

Uno siempre se va con el cuento: "tranquila mi amor, son mis panas, seguro jugamos FIFA un rato y par de birras, chica. Además, tu hermano va. Quédate tranquila".

Francisco Granados, a.k.a "El Oso", fue mi padrino y me organizó la despedida. Alquilaron un autobús y metieron a **mis 20 peores amigos y familiares.** El plan era muy sencillo: ir de bar en bar por toda Caracas, mientras bebíamos en un autobús de lujo. Eso sí, yo no tenía ni idea de adónde íbamos a ir.

Me cuentan que en cierta parada debían subir al bus unas tres chicas, bailarinas ellas, pero el pana encargado le quedó mal al Oso, así que tuvieron que improvisar. ¡Mala idea! Comenzamos a beber, un pana donó unos vasos tipo *coolers* —TODOS IGUALES— para cada uno; así que arrancamos con el ron. Me sirven mi trago, pero justamente cuando lo hacen, llegamos a La Quinta Bar.

Antes de seguir con este cuento inédito, quisiera hablarles de Cheo "Comegato": Cheo "Comegato" es uno de mis panas; jugábamos fútbol dos veces a la semana, es organizador de conciertos metaleros y embajador de Chacaíto.

Cuando nos bajamos en La Quinta, nos recibieron con unos *shots,* brindamos y me dicen que pase por la cocina, que se van a fumar un porro, y como soy de *#Maracay...* **no tengo nada que explicar.**

Cuando le voy a sacar dos al porro, Cheo me lo quita de la mano de un coñazo y me grita nervioso: "¡Nooo! ¡No fumes!". Y le pregunto: "¿Por qué? ¿Qué coño te pasa? ¿Te volviste loco, Cheo?". A lo que me contesta: "es que yo le metí un 'papel' a tu trago".

Ahora bien, para aquellas personas que no son expertas en drogas, un "papel" es una pequeña lámina, que, cuando te la metes en la boca, hace que disfrutes todo un viaje psicodélico.

Obviamente me arrecho y le digo: "¿Estás loco? ¿Te crees acaso Alan, de *The Hangover,* o qué coño? ¿Pa' qué me pusiste un 'papel' en el trago?". Y Cheo me dice: "pa' tripear".

Entonces, ahí mismo recordé que ni probé mi trago, porque lo había dejado sobre la cava en el autobús, y antes de bajarme, pillé que alguien más lo agarró y yo me bajé sin mi *cooler.* Cheo y yo nos vimos a la cara: "marico, no le digamos nada a nadie". Desde ese momento, esa noche se convirtió en un *Reality Show.* La misión era descubrir quién se había tomado mi trago con el "papel".

Estoy hablando de que en ese grupo había gente que en su vida había probado algún tipo de droga. Le di dos al porro y nos fuimos a la siguiente parada: El Club de Bako.

Esta taguara es un puticlub infame; las cuatro o cinco mujeres que trabajaban ahí estaban acompañadas de puro carajo con pinta de policía y CICPC. **Y, de repente, entra esta bandada de sifrinos a semejante antro: escena de película total.**

> Comenzamos a beber y se acerca una señorita que nos reconoció a Manuel Silva, Led Varela, José Rafael Guzmán y a mí. "Hola, papis… yo los veo todas las noches… ¿dónde dejaron a Chatén?".

Acto seguido, Manuel le comienza a jorungar… la lengua. Manuel es ese pana que todos tenemos: el enamora putas.

El lugar era horrible y, obviamente, yo me quería ir. Estaba indignado: "¿Dónde están las *strippers* clase AAA? ¿Qué hacemos con todas estas ex profesoras de castellano?" (este chiste no le gustó a mi editora). Ahí me calman y me dicen: "vamos a tomarnos un trago más y nos vamos". Y bueh… nos sentamos, vimos cosas horrorosas y, al mismo tiempo, divertidas.

En eso, una de las "empleadas" se sentó en nuestra mesa y como NADIE le quería aceptar nada, fue Manuel quien le sacó conversa. Le preguntó a "Shelia": "¿Qué es lo más raro que te ha pedido un cliente?". Y ella contesta: "bueno, tú sabes de esos dildos que nos amarramos? ¿Tipo 'estraple'? —strap-on, ignorante— ¿Así como si yo tuviera un güebote? Bueno,

un tipo me pidió que me lo amarrara en la cabeza, porque él fantaseaba con cogerse a un **unicornio,** y desde esa vez, esa es mi especialidad".

WTF??? ¡ESCUPÍ EL TRAGO DE LA RISA!

En fin... huimos de la escena y terminamos la noche tres bares después. Muchos bailes y bochornos, pero, afortunadamente, la noche terminó tranquila. Al final, nos fuimos a comer arepas y pa' la casa.

Al día siguiente, les escribí a todos en el chat que hicimos, agradeciendo por la despedida de soltero... y mientras lo hacía, recordé lo de la droguita en el vaso perdido: "bueno, no les había querido decir, pero ayer Cheo metió un 'papel' en mi *cooler* que luego alguien agarró por equivocación. No vi nada raro, así que, al parecer, no pasó a mayores".

Send... y a dormir.

Despierto muy enratonado, tipo cinco de la tarde del día siguiente, y veo que tengo más de treinta llamadas y mensajes de José Rafael Guzmán —súper *check* para el libro—. Reviso y todos los mensajes decían: "marico, llámame ya, por favor". Yo me cago y lo llamo:

Yo: Jose, ¿todo bien?
Jose: Sí, sí, sí. En mi casa, todo bien. Pero ajá, leí tu mensaje...
¿Tú me quieres decir, entonces, que
**YO ANOCHE NO ME COGÍ
A NINGÚN UNICORNIO?**

Bello remate. Aplausos, aplausos... y muchísimas gracias por llegar hasta aquí.

Cuando uno vive la vida desarrollando el sentido del humor, descubre la gran arma que tiene para sobreponerse a cualquier cosa. Hasta de las vainas más rudas de la vida. Si este libro sirvió para entretenerte, hacerte reír y olvidar algo chimbo, pues nos hace muy felices haber logrado el cometido. No en vano vamos por la vida recordándoles a todos que **no** importa lo que pase... en algún momento

"NOS REIREMOS DE ESTO".

Rutina creada por:

Alex Goncalves
Año: *2014, 2015, 2017, 2019...*

SIRHAN

Alex Goncalves

BONUS
ÁLBUM DE LAS
MEJORES TARIMAS

 DUBAI

#TOURNRDE

BARCELONA / MADRID

BUENOS AIRES

BOGOTÁ / MEDELLÍN

GUAYAQUIL / QUITO /
REP. DOMINICANA

MONTEVIDEO

PANAMÁ

SANTIAGO DE CHILE

 **CALGARY / MONTREAL TORONTO**

BOSTON / ORLANDO / WASHINGTON DC

 CHICAGO / MIAMI

NEW YORK

GLOSARIO:
JERGA DE #NRDE

#MARACAY

Es la ciudad natal del tío Alex. Desde que comenzó el *podcast,* cada vez que se refiere a ella, él mismo dice "hashtag Maracay". Según sus propias palabras, en Maracay ocurren cosas muy peculiares bajo la mirada despectiva de la capital: Caracas. La tía JeanMa es caraqueña... ya, solo eso, ella quería que lo dijéramos porque así son los caraqueños.

#PAJALAAAAARGA

Es la paja que se aplica en los hoteles cuando se está de gira. Es una masturbación prolongada que se disfruta con los beneficios de un jacuzzi, una cama recién hecha, el servicio de comida a la habitación y los jaboncitos chiquitos.

#MOCOARROZ

Desde los inicios, y gracias a una temprana aparición, descubrimos que la tía tiene dentro de su (enorme) nariz un conducto especial que, diariamente, prepara un moco perfecto, blanco, durito, en la forma exacta a un arroz. Ese moco suele salir disparado cuando la tía se ríe de golpe, y termina en la mesa o el micrófono. Ha tenido un par de apariciones especiales y, aunque ahora tiene un horario matutino y no necesariamente sorprende mientras graban, es parte de las cosas que hacen a la tía JeanMa lo que es.

#AUTOAYUDADOBLADA

Después del primer episodio del *podcast,* quedó claro que los tíos no solo venían a (tratar de) hacer reír, sino a soltar, entre una cosa y otra, algún comentario casi tan cursi como cualquier canción de Arjona, pero sin querer... queriendo. Así que se desenmascaró esa intención oculta de dejar un poco de reflexión.

#VENECOLANDIA

Luego de que se hiciera viral la palabra "veneco" —para referirse a los venezolanos migrantes de forma despectiva—, los tíos asumieron este término de otra forma y lo usan para denotar ese lugar dentro de Venezuela, donde habitan los protagonistas de esas historias que coquetean con lo absurdo y quizá con un grado de chavismo que endulza, mucho más, la receta.

#FOSO

Es una alerta que implementaron nuestros *Patreoncitos,* cuando ven que se aproxima un momento triste. Porque sí, además de las risas gafas y la autoayuda doblada, en el *podcast* se tocan temas serios, muchas veces dolorosos. De hecho, la tía es una experta en aplicar la intensidad y llevarse a todos al... ¡Foso!

#WEBOGATE

Nació una linda tarde de verano, cuando el tío Alen decidió mostrarnos, a través de sus historias en Instagram, los "cables" que tenía en una caja del *Connector Studio.* Para ello, ubicó su teléfono a una distancia específica, revelando un *shortcito* de algodón ligero que tenía puesto sin nada abajo, excepto por una erección que, según sus propias explicaciones posteriores, no estaba a tope, pero igual fue el deleite de nuestra chiquillada.

Desde ese día, se hizo un firmazo para que se abriera un *Onlyfans.* La gente solo quiere que muestre "los cables" y que encienda el letrero de **on air** (otro chiste interno, pero es básicamente para que se levante durante el *podcast* y se le vean las nalgas).

EPÍLOGO

Y llegamos al final de este gran libro. Un sueño que empezamos a cocinar a finales de 2019 y que por fin vio la luz, este 2021 (otro año de retos).

Ha sido mucho lo aprendido y lo superado; a través de estas páginas hemos hecho catarsis con ustedes, aprendimos a perdonar y también a pedir perdón, pues como seres imperfectos que somos, no escapamos de los errores.

Ahora bien, quedarnos estancados en lo que pasó o no pasó es un escenario descartado. Todo lo que decimos y hacemos queda registrado en las redes, no hay cómo echar para atrás, pero está bien, eso nos permite crecer y entender que solo queda seguir hacia adelante. Todo, absolutamente todo, es un aprendizaje. Aprendemos de nuestras metidas de patas, de nuestros aciertos y de ustedes, que son fuente infinita de amor y de apoyo.

Por eso, este epílogo lo queremos dedicar a ti que lees este libro. A ti, que seguramente eres parte ya de esta hermosa comunidad que hemos construido con tantísimo cariño. Tus palabras de aliento, tus reseñas y tus *likes* nos alimentan y nos hacen mantener la cabeza en alto para seguir haciendo lo que amamos.

Hoy, 12 de abril, cuando escribimos esto, solo queremos agradecerles de corazón que se hayan unido a esta aventura que comenzó hace un poco más de tres años. Y fíjense, no teníamos idea de cómo sería el camino, ni adónde nos llevaría... fue un salto de fe, porque en serio saltamos a ciegas, solo con las ganas de hacer lo que realmente nos apasionaba.

Gracias por querernos como lo hacen.
Gracias por apoyarnos y jamás juzgarnos, porque así es la amistad.

Y henos aquí, ahora autores de un libro. ¿Quién lo diría? Esto es para ustedes muchachos, porque no importa lo que pase, juntos **NOS REIREMOS DE ESTO.**

PATREONCITOS

(EN REPRESENTACIÓN DE ESTA COMUNIDAD)

Andrea Lemus

Brian Chong

Daniel Garcia Gil

Jorge Luis Rivas

José Miguel Fernández

Luis Roberti

Luis Mosquera

Naicys Méndez

Nairuvick Ruiz

Noha Della Polla

Reichell Valentina

Reina Bezaquen

Rose Stifano

Verónica Marcano

William Pedroza

Yexi Fernández

¡Gracias!

RESPUESTAS DE LAS TRIVIAS

(para que no se queden con las ganas)

1. La tía JeanMa perdió las nalgas por culpa de:
D) No se puede perder lo que nunca fue tuyo, chamita

2. Un talento oculto de JeanMa es mover cada lola independiente de la otra:
Verdadero / Falso

3. Cuando JeanMa era chiquita quería tener el súper poder de:
E) Todas las anteriores

4. Cuando viajan, JeanMa obliga a Alex a:
C) ¿Tú eres loco, Ramón? No lo obliga a nada

5. La tía duerme con:
B) Férula dental

6. El #*WeboGate* es:
D) Un atributo especial del tío Alex

7. Alex conoció a su esposa Karen:
C) La vio por TV y le chanceó por Facebook

8. De estas colecciones de Alex, ¿cuál es la más grande?:
B) Discos de vinilo

9. La serie favorita del tío Alex es *Friends:*
Verdadero / Falso

10. El sueño del tío Alex es:
E) Todas las anteriores

¿SON UNOS #NRDELOVERS?

Veveches, todo lo que escriban, ya sea que rayen, resalten o dibujen en el libro, compártanlo en sus redes y hágannos mención en *@nosreiremosdeesto, @jeanmary_* y *@elalexgoncalves* para hacerles *repost*. Esperamos que les haya gustado nuestro libro y gracias por seguir apoyándonos.

Recomienda este libro CDTM ☺
(Nos reiremos de esto: El libro del podcast del stand up
se terminó de crear y diseñar en abril de 2021).